Christian Felber

Kooperation statt Konkurrenz

10 Schritte aus der Krise

Deuticke

2. Auflage 2017

ISBN 978-3-552-06352-5
Alle Rechte vorbehalten
© Deuticke im Paul Zsolnay Verlag Wien 2009
Satz: Eva Kaltenbrunner-Dorfinger, Wien
Umschlaggestaltung und -illustration:
Hauptmann & Kompanie Werbeagentur, München–Zürich
Printed in Germany

Inhalt

Vorwort 9

Teil I
Die Ursachen der Krise 11

1. **Zu viel Geld** 14
   Fünf Auswege aus dem Geld-Dilemma 18
2. **Dreißig Jahre Entfesselung der Märkte** 24
   Lasse die Wechselkurse frei schwanken 27
   Liberalisiere den Kapitalverkehr 28
   Mache deine Banken wettbewerbsfähig 30
   Gewähre den Geschäftsbanken das Recht
   auf Geldschöpfung 31
   Überlasse den Fonds das Feld 32
   Prüfe neue Produkte nicht 34
   Kapitalmarktoffensiven! 37
3. **Die Entstehung der Subprime-Krise** 39
   Fahrlässige Kreditvergabe 39
   Kredite aus der Bilanz tricksen 40
   Kredithandel 41
   Verpackung von Gammelfleisch
   (Verbriefung) 41
   Das Versagen der Rating-Agenturen 42
   Fahrlässige Ansteckung der EU 43
4. **Hätte die Krise verhindert werden können?** 45

Teil II
Die Löscharbeiten der Regierungen ... 47

1. Liquiditätsspritzen der Notenbanken ... 49
2. Sicherung der Spareinlagen ... 51
3. Bankenrettungspakete ... 52
   Transparenz ... 53
   Sparkurs: Beschränkung bei Gehältern,
   Boni und Dividenden ... 54
   Öffentliche Mitsprache ... 55
   Gründung einer öffentlichen Bankenholding ... 56
   Demokratische Bank
   (»Good Banks« statt »Bad Banks«) ... 57
4. Zinssenkungen ... 60
5. Konjunkturpakete ... 61
6. Kommt der Staatsbankrott? ... 64
7. Rückzahlung der Rettungskosten ... 66

Teil III
Die Finanzmärkte regulieren ... 71

1. Eine globale Dorf-Konferenz ... 73
2. Ein neues Bretton Woods ... 74
3. Globale Institutionen und Regeln ... 78
   Weltsteuerbehörde ... 78
   Fixierung der Rohstoffpreise ... 80
   Weltfinanzmarktaufsicht ... 81
   Ein ökosoziales Basel III ... 83
   Clearingstellen in öffentliche Hand ... 84
   Regulierung von Fonds? ... 85
   Zulassungsprüfung für Derivate ... 86
   Shareholder-Value brechen ... 87
4. Regulierung des EU-Binnenmarktes ... 89

5. Keine Gewinnorientierung auf den Finanzmärkten 91
   Geldschöpfung in öffentliche Hand 92
6. Was tun gegen zu viel Geld? 93
7. Genügt die Regulierung der Finanzmärkte? 96
   Gemeinwohl- statt Gewinnstreben 97

Teil VI
Was kann ich tun? 10 Schritte aus der Krise 103

1. Nein zur Ohnmacht! Ja zur Verantwortung! 105
2. Kleine Schritte setzen – der persönliche Wirkungskreis ... 107
3. Alternative Informationen aneignen 108
4. Konsumverhalten ändern 111
5. Organisieren 114
6. Für mehr Demokratie streiten 116
   Direkte Demokratie 117
   Partizipatives Budget 119
   Demokratische Allmenden 120
   Unabhängige Medien und Parteien 122
7. Bausteine für eine neue Gesellschaft entwickeln 123
8. Gesamtgesellschaftliche Alternativen einfordern 124
9. Abschied vom Profitstreben 127
10. Kooperation statt Konkurrenz 129
    Kooperationsgruppen gründen 134

Anmerkungen 136
Literatur 140
Danksagung 143

Vorwort

Krise macht kreativ. Neue und vertraute Rezepte werden aus den Schubladen gezogen, ein heftiger Kampf um die Deutung des Geschehens ist entbrannt. Die einen schieben dem Staat die Schuld in die Schuhe. Die anderen sehen den Beweis erbracht, dass Märkte nicht funktionieren. Manche mahnen zur Rückbesinnung auf die gute alte soziale Marktwirtschaft, andere wollen sie zur ökosozialen Marktwirtschaft weiterentwickeln, und wieder andere haben vom Kapitalismus endgültig die Nase voll. Was tun?

Am Beginn dieses Buches steht eine tiefgehende Analyse, die nicht nur die unmittelbaren Krisenauslöser für die Subprime-Hypotheken-Krise beleuchtet, sondern dem nun schon zwei Jahrzehnte währenden intensiven Krisengeschehen auf den globalen Finanzmärkten auf den – systemischen – Grund geht.

In der Folge werden die Löschaktionen und Krisenbekämpfungsmaßnahmen von Regierungen und Notenbanken unter die kritische Lupe genommen: Geldspritzen, Zinssenkungen, Bankenrettungspakete und Konjunkturprogramme. Diese offiziellen Maßnahmen werden mit unkonventionellen Alternativen kontrastiert.

Der dritte Abschnitt gilt der völligen Neugestaltung der Finanzmärkte, um diese auf ihre ursprüngliche Aufgabe zurückzubringen und künftige Krisen zu vermeiden. Die Beschlüsse des G20-Gipfels werden für diese Ziele als zu wenig weitreichend kritisiert. Gleichzeitig werden die Grenzen *jedes* Regulierungsansatzes aufgezeigt, zumal wir die globale Regulierung der Finanzmärkte schon einmal – ab 1944 im System von Bretton Woods – hatten.

Gehalten hat sie nicht. Die Chancen, dass die Regulierungen diesmal halten oder überhaupt gelingen werden, stehen schlecht. Denn anders als nach dem Zweiten Weltkrieg gibt es heute ein gigantisches globales Finanzvermögen, das auf seine Rechte pocht und Druck ausübt. Im Jahr der Krise erreichte das globale Finanzvermögen das Dreieinhalbfache der Weltwirtschaftsleistung. Will es nur mit bescheidenen vier Prozent vermehrt werden, müsste die Weltwirtschaft allein dafür um vierzehn Prozent wachsen. Alternativ zu solch inflationärem und unökologischem Wachstum bleiben nur Umverteilung von den Nichtkapitalbesitzenden zu den Kapitalbesitzenden – oder Blasenbildung: die nächste Krise.

Deshalb bleibt dieses Buch nicht bei der Regulierung der Finanzmärkte stehen, sondern geht darüber hinaus. Neben der Notwendigkeit, das Geld zu entmachten, und der Idee einer »Demokratischen Bank« wird ein »dritter Weg« jenseits von Kapitalismus und Kommunismus vorgestellt. Die LeserInnen werden darüber hinaus eingeladen, sich eine Wirtschaft ohne traditionelle Geldwährung zumindest vorzustellen. Das Denken soll durch die Lektüre frei werden.

Zentrales Anliegen des Buches ist das persönliche Handeln. Im vierten Teil, der den Untertitel trägt, werden zehn Schritte formuliert, die jeder und jede selbst tun kann, damit wir nachhaltig aus der Krise kommen. Doch freuen Sie sich nicht zu früh, denn diese Angebote sind kein Honiglecken und keine schöngeistigen Konsumartikel: Sie erfordern Mut, Achtsamkeit, demokratische Verantwortung, ökologische Empathie und soziale Kompetenz!

Teil I

Die Ursachen der Krise

Die Krise war vorhersehbar und hätte verhindert werden können. Nur wer sich geweigert hat hinzusehen, wurde überrascht. Die Krise kam aus dem Herzen des Kapitalismus. Sie hat sowohl systemische Ursachen – die in der kapitalistischen Grunddynamik und im Geldsystem liegen – als auch politisch-ideologische, welche zur Untergrabung des demokratischen Systems führten, die aber letztlich ebenfalls im Kapitalismus wurzeln. Die falsche »technische« Regulierung des Finanzmarktes ist nur bei oberflächlicher Betrachtung für die Krise verantwortlich. Die drei wichtigsten Ursachen für die Krise sind:

1. *Zu viel Geld*: Jahrzehntelanges Wachstum hat das globale Finanzkapital auf ein Vielfaches der realen Wirtschaftsleistung (Welt-BIP) anwachsen lassen. Der steigende Renditedruck dieser Vermögensmassen führt zu immer ungerechterer Verteilung, lascher Regulierung und – zu Krisen.

2. Mit einer jahrzehntelangen *Politik der Liberalisierung und Deregulierung*, eigentlich Umregulierung der Finanzmärkte haben die westlichen Regierungen die Krise Zutat um Zutat gebraut: Zahllose gesetzliche Maßnahmen von der Verordnung des freien Kapitalverkehrs über die Schaffung des EU-Finanzbinnenmarktes bis hin zu nationalen Kapitalmarktoffensiven haben das hochlabile Gebäude der global »freien« Finanzmärkte Baustein um Baustein errichtet.

3. Mit der *Umpolung der Finanzmärkte von Gemeinwohlorientierung auf Gewinnorientierung* im Zuge der neoliberalen Politikwende haben diese ihre ursprüngliche Aufgabe und Funktion vernachlässigt und können sie heute nicht mehr erfüllen. Die Gewinnorientierung hat nicht nur zu systematischer Speku-

lation, Bilanzmanipulation und maßloser Gier geführt, sondern auch zu massivem – und erfolgreichem – Lobbying für die politische Umregulierung der Finanzmärkte: Der Kreis schließt sich.

1. Zu viel Geld

Krisen gehören zum Kapitalismus wie das Gelbe zum Ei. Die Serie der Finanzcrashs zieht sich vom Tulpenzwiebelknall 1637 in Holland über die Weltwirtschaftskrise 1929 bis zur gegenwärtigen Subprime-Rezession. Die gegenwärtige Krise ist weder die erste Finanzkrise noch die erste globale Krise. Heute sind jedoch die Finanzmärkte weit komplexer als 1929 und global vernetzt, überall gibt es Börsen, selbst in Russland und China. Deshalb konnte sich die Krise schneller ausbreiten als je zuvor. Die Bedingungen für die Krise waren geradezu optimal.

Der große Knall hat sich schon länger abgezeichnet. Seit dem Ende des »Systems von Bretton Woods« 1973, das die globalen Finanzmärkte nach der Weltwirtschaftskrise reguliert hatte, ging eine neue Krisenserie los, die seither nicht mehr abreißt: 1987 erlebten die USA ihren schwarzen Börsenmontag, 1992 attackierten Hedge-Fonds das britische Pfund und rissen es aus dem Europäischen Währungssystem. 1994 erfasste die Tequila-Krise ganz Lateinamerika, 1997 krachte es dann noch lauter und gewaltiger in Südostasien: Südkorea stürzte um 5,5 Prozent ab, Malaysia um 7,5, Thailand um 8,0 und Indonesien gar um 13,6 Prozent. In der ganzen Region verdoppelten sich Arbeitslosigkeit und Armut. Das westliche Kapital, das in die Region eingeströmt war, flutete zurück und überschwemmte die New Economy. Auf dem Weg machte es noch Zwischenstation in Russland und Brasilien. Eine Blase schien nur zu platzen, damit die nächste gebildet werden konnte. Im Jahr 2000 implodierten in New York und München die Technologiebörsen Nasdaq und Nemax, nachdem viele schon geglaubt hatten, dass jedes Internet-Start-up-Unternehmen eine Goldgrube und die

Wirtschaft in die finale Phase des immerwährenden Wachstums eingetreten sei. Fed-Chef Alan Greenspan stieß die Zinsen jäh ins Minus, um den Gaul noch einmal aufzubäumen, doch das spottbillige Geld führte – in Kombination mit blinder Deregulierung – zur Bildung der nächsten und bisher letzten Bubble: Subprime. Die Krise der »miesen Qualität« nahm ironischerweise nicht an den »rückständigen« Finanzmärkten des Südens ihren Ausgang, wo angeblich Korruption und Vetternwirtschaft für die Südostasienkrise verantwortlich waren, sondern im Herzen des Kapitalismus.

Auf der Oberfläche der globalen Finanzmärkte bilden sich also Blasen, die regelmäßig platzen. Der Stoff, aus dem Blasen gemacht sind, ist Geld. Genauer gesagt: zu viel Geld. Gemeint ist das summierte Finanzvermögen im Verhältnis zur jährlichen Wirtschaftsleistung. Dieses wird immer größer, zunächst aus einem systemimmanenten Grund: Solange die Wirtschaft wächst und die Menschen nicht ihr gesamtes Einkommen ausgeben, sondern einen Teil davon ansparen, wächst das Geldvermögen. In jedem Jahr, in dem prozentuell mehr gespart wird, als die Wirtschaft wächst (was bei wachsendem Wohlstand immer wahrscheinlicher wird), wächst das Geldvermögen in Relation zur Wirtschaftsleistung (BIP). Für die letzten Jahrzehnte trifft das empirisch zu: War das Finanzvermögen der privaten Haushalte in Deutschland und Österreich 1970 erst halb so groß wie die *damalige* Wirtschaftsleistung, so ist es heute bereits eineinhalbmal so groß wie das *heutige* BIP. Berücksichtigt man auch die Finanzvermögen der Unternehmen, dann emanzipierte sich das globale Finanzvermögen seit 1980 von 119 Prozent des Welt-BIP auf 359 Prozent im Jahr 2007 (Welt-BIP: 55 Billionen; Finanzvermögen: 196 Billionen US-Dollar).[1] Dieser Trend – mehr Geldvermögen als BIP – wird durch drei weitere Entwicklungen massiv verstärkt.

1. Die *Verteilung wird immer ungerechter*. Die Lohnquoten, der Anteil von Unselbstständigeneinkommen am gesamten Volkseinkommen, fallen seit Jahren, die Profitquoten und der

Anteil der Kapitaleinkommen steigen gegengleich an. Das Vermögen konzentriert sich immer mehr in den oberen und obersten Schichten der Bevölkerung, die – im Unterschied zur Unterschicht – eine extreme Sparneigung haben, sie benötigen nur einen Bruchteil ihres jährlichen Einkommens für den Konsum. In Deutschland besitzen die zehn reichsten Prozent der Bevölkerung bereits 61,1 Prozent des gesamten Vermögens (2002 waren es erst 57,9 Prozent), während das Nettovermögen der ärmsten zehn Prozent von –1,2 Prozent auf –1,6 Prozent des Vermögenskuchens geschrumpft ist: Sie sind mit durchschnittlich 15 000 Euro verschuldet.[2] In Österreich ist die Verteilung ähnlich schief: Das oberste Prozent besitzt 27 Prozent des gesamten Finanzvermögens. Das oberste Promille der Haushalte besitzt ein Vermögen, das gleich groß ist wie das der Hälfte aller Haushalte. Der reichste Haushalt besitzt ein gleich großes Vermögen wie 29 Prozent aller Haushalte.[3] Die reichen Haushalte sind in der Lage, einen Großteil ihres Vermögens auf die Finanzmärkte zu schicken, wo es den Renditedruck erhöht, die Ungleichheiten vergrößert und Blasen füllt.

2. Die *Privatisierung der Rentenvorsorge* lenkt Geld, das bisher für den Konsum der Älteren vorgesehen war, zusätzlich auf die Finanzmärkte. Ende 2008 verbuchte die staatlich geförderte Riester-Rente bereits 12,2 Millionen Verträge: ein Heer neuer Aktionäre und Aktionärinnen.[4] In Österreich spülte die ebenfalls staatlich geförderte »private« Zukunftsvorsorge bis Ende 2008 schon 2,5 Milliarden Euro auf die Finanzmärkte, anstatt das Geld direkt von einer Generation an die andere zu leiten, um deren Rente und Kaufkraft zu erhöhen.

3. *Banken* multiplizieren die zirkulierenden Vermögen noch einmal, indem sie Kredite für Finanzinvestitionen bereitstellen, die weder durch eigenes Vermögen noch durch die Einlagen der SparerInnen gedeckt sind: Sie *schöpfen Geld* und mehren den Stoff, aus dem sich Blasen bilden. Eigentlich müsste die geldschöpfende Funktion der Banken in dem Maße zurückgehen, in dem a) die »realen« Finanzvermögen (der Haushalte und Un-

ternehmen) in Relation zum BIP wachsen: Kreditkapital ist in wachsendem Maße vorhanden, es muss nicht künstlich durch die Banken vermehrt werden; und b) je langsamer eine Volkswirtschaft wächst, weil umso weniger investiert wird. Beide Entwicklungen werden vom aktuellen Bankensystem konterkariert: Obwohl immer mehr Vermögen da sind und die Wirtschaft immer langsamer wächst, explodiert die Kreditvergabe durch die Banken: Systemversagen.

Das BIP ist jene »reale« Größe, mit der Geld vermehrt werden kann. Denn wenn »Ihr Geld für Sie arbeitet«, dann vermehrt es sich natürlich nicht von selbst – ein Geldschein hat noch nie eine Schaufel oder ein anderes Werkzeug in die Hand genommen –, sondern jemand anders vermehrt das geborgte Geld und muss dafür arbeiten – in der »realen« Wirtschaft. Wenn jedoch das Angebot an potenziellem Investitionskapital immer größer und die potenzielle Nachfrage nach Krediten in Relation immer kleiner wird, dann müsste nach dem ersten Grundgesetz der Marktwirtschaft der Preis für das Kapital – die Finanzrendite – fallen. Tatsächlich ist das Gegenteil der Fall. Die Renditen, die das Finanzkapital in den letzten Jahren und Jahrzehnten erzielte, wachsen in den Himmel. Das gilt für Zinsen, Dividenden und Fondsgewinne gleichermaßen. Wie ist dieses Paradoxon zu erklären?

Der Grund liegt in einem schleichenden Wandel des Umgangs mit dem vielen Geld: Bis in die 1980er Jahre lag das Spargeld der Massen überwiegend fade auf Sparbüchern herum, es steckte oft genug noch im Sparstrumpf und ehrgeizigenfalls in Lebensversicherungen; das änderte sich mit dem Anbruch des neoliberalen Zeitalters Anfang der 1980er Jahre schlagartig: Banken und Versicherungen stellten auf Gewinnorientierung um und gründeten Fonds und Kapitalanlagegesellschaften. Diese begannen, die wachsenden Vermögensmassen einzusammeln und professionell, sprich immer flexibler, globaler und riskanter zu veranlagen. Lagen 1980 in allen österreichischen Fonds weniger als 500 Millionen Euro, so wuchs diese Summe

Ende 2006 auf 167 Milliarden Euro oder 65 Prozent des BIP. Weltweit werden bereits 110 Billionen der insgesamt 196 Billionen US-Dollar professionell gemanagt[5], das ist das Doppelte der Weltwirtschaftsleistung. Wollen diese 110 Billionen mit einer in den letzten Jahren durchaus üblichen Rendite von fünf Prozent vermehrt werden, müsste die Weltwirtschaft allein dafür um zehn Prozent wachsen – ein ökologischer oder verteilungspolitischer Horror! Mit jedem Jahr, in dem das Finanzvermögen in Relation zur Wirtschaftsleistung wächst, führt eine gleich hohe Renditeerwartung a) zu höherem Wachstum, b) zu ungerechter Verteilung (Enteignung der Nichtkapitalbesitzenden) oder c) zu verstärkter Blasenbildung.

Fonds und Fondsmanager haben Interesse an einer maximalen Rendite. Daran werden sie gemessen, das ist die entscheidende Qualität ihrer Dienstleistung, mit der sie sich gegen die Konkurrenz behaupten können. In Deutschland konkurrierten Ende 2007 9017 inländische Fonds mit 64 452 ausländischen Fonds um die Finanzvermögen der Privatkunden. Der Renditekrieg ist ein Weltkrieg: Die Boston Consulting Group vermeldet die wachsende »Wettbewerbsfähigkeit« des indischen »Vermögensmanagementmarktes«.[6] Der global wettbewerbsfähigste Vermögensverwaltungsmarkt ist der, auf dem die höchsten Finanzrenditen erzielt werden ...

Fünf Auswege aus dem Geld-Dilemma

Was aber, wenn die Wirtschaft nicht annähernd so rasch wächst, wie es für die Befriedigung der wachsenden Renditeansprüche der immer zahlreicheren und immer mehr Geld verwaltenden Fonds nötig wäre? Wie dem Dilemma entrinnen, dass nicht das Geld knapp ist, sondern seine Veranlagungsmöglichkeiten? Die Finanz- und Vermögensverwaltungsindustrie hat fünf Auswege gefunden, um dem Renditedilemma zu entrinnen und ihren Renditeheißhunger dennoch zu stillen:

1. *Globalisierung.* Wenn im Inland nichts mehr geht, weiche ins Ausland aus, wo die Wachstumsraten und Profitchancen noch höher sind. Welche Folgen es jedoch hat, wenn Kapitalströme blind globalisiert und gleichzeitig dereguliert werden, sahen wir in der Mexikokrise 1994, in der Asien-, Russland- und Brasilienkrise 1998, in Argentinien 2001 und nun schon zum zweiten Mal in Osteuropa. Die globale Renditesuche der Fonds führt zu wachsender Instabilität der globalen Wirtschaft. Ganze Regionen werden verwüstet, doch der Profit der Finanzinvestoren steigt. Die Deutsche Bank verdoppelte nach der Asienkrise ihren Gewinn. Hedge-Fonds erzielten zwischen 1994 und 2007 nach Gebühren eine jährliche Rendite von 11,1 Prozent.[7] Österreichische Banken und Unternehmen verzeichneten 2008 Gewinnrückflüsse aus ihren Direktinvestitionen und dem Kreditgeschäft in Osteuropa von 6,8 Milliarden Euro.[8]

2. *Privatisierung.* Grundversorgungsbereiche wie das Trinkwasser, das Gesundheitswesen, die Bildung, die Energieversorgung oder Post und Bahn sind stabile und daher potenziell dauerrentable Wirtschaftsbereiche. Deshalb machen die Kapitalverwalter mächtig Druck auf die Liberalisierung dieser Grundversorgungsbereiche, die bisher für private Investoren und ihr Profitstreben verschlossen waren, weil die Verfolgung gesellschaftlicher Ziele – erschwingliche Versorgung aller Menschen mit hoher Qualität – Vorrang hatte. Die Politik setzt den Hebel für das Kapital an: Durch Liberalisierung entstehen Märkte für Trinkwasser, Bildung, Gesundheit, Renten oder öffentlichen Verkehr. Die meisten öffentlichen Betriebe werden infolge der Liberalisierung privatisiert, weil sie im geschaffenen Wettbewerb nur bestehen können, wenn sie die – betriebswirtschaftliche – Logik der Privaten annehmen. Dass Privatisierung mehrheitlich nicht zu den erhofften Verbesserungen geführt hat, sondern die Preise steigen und die Versorgung und die Qualität sinken ließ, wird in immer mehr Bereichen sichtbar. Ein aktuelles Beispiel ist der dramatische Kahlschlag bei der Post in Österreich, während gleichzeitig die Dividendenaus-

schüttung an die Aktionäre erhöht wird. Die Maximierung des Gewinns ist wichtiger als die flächendeckende Versorgung der Bevölkerung. Trotz sich häufender negativer Erfahrungen wächst der Druck auf weitere Privatisierung, weil eben immer mehr professionell verwaltetes Kapital nach Veranlagung und Rendite sucht. In Zukunft kann jeder Wassertropfen, jede Unterrichtstunde, jede Operation, jede Hafteinweisung zu einer Rendite für Aktionäre führen.

Diese Entwicklung betrifft auch die Banken selbst. Nach dem Krieg waren die meisten Banken Genossenschaften oder öffentlich und mussten keinen Gewinn erzielen. Seit der Liberalisierung und Privatisierung geht es immer mehr um Profit. In der ehemals öffentlichen Deutschen Bank gab Josef Ackermann 2004 das Ziel vor, 25 Prozent auf das eingesetzte Kapital der Aktionäre zu erwirtschaften, was für eine durchschnittliche Bank in »normalen« Zeiten schlicht unmöglich ist. »Im globalen langfristigen Durchschnitt würde ich die Kapitalrenditen bei Investoren von Banken nicht höher sehen als in der Industrie oder im gesamten Markt«, meint Alexander Dibelius, der Leiter der Investmentbank Goldman Sachs für Deutschland, Österreich und Russland.[9] Auch der Präsident des deutschen Sparkassenverbandes Heinrich Haasis vertritt die Ansicht: »Im Geschäft mit Kunden ist eine solche Rendite nicht zu erwirtschaften.«[10] Mit wem dann?

3. *Shareholder-Value*. Die Kapitalsammler kaufen Unternehmen auf und zwingen sie zur Ausschüttung immer höherer Gewinne – auf Kosten der Beschäftigten, die nicht mitbestimmen dürfen, obwohl sie gleichermaßen zum Erfolg des Unternehmens beitragen. Josef Ackerman gab in derselben Pressekonferenz, in der er den vierten Rekordgewinn in Folge verkündete, den Abbau von zehn Prozent der Jobs bekannt. Das macht er im Auftrag der Eigentümer. Im Kapitalismus kann der Eigentümer mit seinem Eigentum machen, was er will. Auch wenn es sich um einen Weltkonzern mit mehreren hunderttausend Beschäftigten handelt. Private-Equity- und Hedge-Fonds haben

sich in den letzten Jahren einen Namen damit gemacht, dass sie von Unternehmen, die sie übernehmen, eine Gewinnausschüttung vom Mehrfachen des Jahresgewinnes erzwangen. Permira, der neue Eigentümer von Hugo Boss, diktierte 2008 bei einem Jahresgewinn von 154 Millionen eine Ausschüttung von 450 Millionen Euro. ProSiebenSat.1 muss ebenfalls das Dreifache des Jahresgewinns an die Fondseigentümer KKR und Permira abliefern und dafür sogar noch Schulden aufnehmen.[11] Eine Umfrage unter 400 internationalen Fondsmanagern ergab, dass 53 Prozent mehr »Bares sehen« wollen, also höhere Dividenden, selbst wenn das die Verschuldung der Unternehmen, in das sie »investieren«, erhöhen würde.[12]

4. *Finanzialisierung*. Neben der brutalen Ausübung von Macht bleibt als vorletzter Ausweg die Alchemie: aus Geld mehr Geld machen. Das ist die abgekoppelte Welt des globalen Finanzcasinos, insbesondere der Finanzderivate. Hier wurden in den letzten Jahren Billiarden-Türme aufgebaut, die im Falle des Einstürzens die ganze Weltwirtschaft in den Abgrund reißen können. Millionen- und Milliardengewinne sind möglich mit
- Wetten auf höhere Rohstoffpreise, was den Erdölpreis innerhalb kurzer Zeit auf 150 US-Dollar treiben und dann wieder auf 35 US-Dollar stürzen lassen kann;
- Wetten auf die zukünftigen Weizen-, Mais- oder Reispreise, was diese und damit die Hungerzahlen in die Höhe treiben kann;
- spekulativen Attacken auf Währungen, die ganze Volkswirtschaften in den Abgrund reißen können;
- dem Verkauf von geliehenen Wertpapieren wie zum Beispiel Unternehmensaktien, wodurch der Kursverfall dieser Aktien beschleunigt oder sogar ausgelöst werden kann (»Leerverkäufe«);
- dem Verbriefen von Krediten (»securitization«), dem Zerteilen und Neubündeln von Kredittranchen (»slice and dice«) zu »collateral debt obligations« (CDOs), dem Versichern dieser Mischpakete mit »credit default swaps« (CDs) und dem

Handel dieser Mischpakete und Kreditversicherungen zwischen US-Investmentbanken und EU-Geschäftsbanken, wo die Kredite zum Liegen kommen und in Ruhe zu faulen beginnen können. Warum ein einfaches Kreditgeschäft durchführen, wenn es auch so kompliziert geht?

5. *Aneignung der Demokratie.* Die letzte Strategie ist die verhängnisvollste. Da auf der Suche nach immer höheren Renditen gerechte Verteilung, Steuergesetze, Sicherheitsanker und andere Regulierungen im Weg stehen, ist das letzte und zentrale Ziel der um Geldgewinne konkurrierenden Fonds die Aneignung der Demokratie. Die immer stärkere Finanzindustrie hat die Politik erfolgreich dazu gedrängt, alle hemmenden Regulierungen zu schleifen und neue Kapitalmarkt- und Investmentgesetze zugunsten der Reichen zu erlassen. Hier ist ein Teufelskreis am Werk: Je günstiger die Politik die Rahmenbedingungen für Spekulation, Profitstreben und maßlose Gehälter machte, desto reichlicher strömten die Gewinne der Finanzkonzerne und die Gehälter ihrer Manager und Eigentümer. Und je reicher und mächtiger die Vertreter dieser Branche wurden, desto schamloser bedrängten sie die Politik, die Gesetze noch weiter zu ihren Gunsten zu verändern. Der Gewinnanteil des US-Finanzsektors an allen Unternehmensgewinnen bewegte sich bis 1990 konstant zwischen zehn und fünfzehn Prozent. Nach 2000 schoss er auf bis zu 41 Prozent.[13] Ein Teil dieser kolossalen Gewinne wird »politisch investiert«: Die Banken, Versicherungen, Broker-Firmen und Wirtschaftsprüfungsunternehmen der Wall Street bezahlten zwischen 1998 und 2008 recherchierte 5,1 Milliarden US-Dollar an Lobbyisten.[14] Mit ihrer Hilfe wurde der 1933 in der Weltwirtschaftskrise erlassene Glass-Steagall Act 1999 gekippt, 1998 die Regulierung von Finanzderivaten verhindert und 2000 der Commodity Futures Modernization Act verabschiedet, der CDs von jeder Regulierung befreite. Die Verflechtungen zwischen der Finanzindustrie und dem Kongress wurden in den letzten Jahren immer enger. Der CEO von Goldman Sachs, Henry Paulson, wechselte als

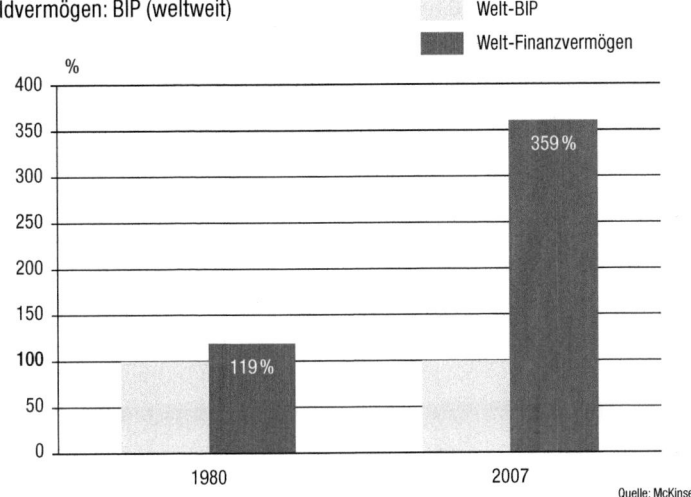

Quelle: McKinsey

Geld arbeitet nicht. Um vermehrt werden zu können, muss das Finanzvermögen (rechte Säulen) in die Realwirtschaft investiert werden (linke Säulen). Je größer das Finanzvermögen im Verhältnis zur Realwirtschaft, desto stärker muss die Weltwirtschaft wachsen, um einen gleich hohen Renditeanspruch des Geldvermögens zu befriedigen. Will ein 3,5-mal so großes globales Finanzvermögen um fünf Prozent vermehrt werden, müsste die Weltwirtschaft allein zur Erfüllung dieses Anspruchs um 16,5 Prozent wachsen. Alternativen: Das Wachstum des Vermögens resultiert aus der Enteignung anderer, weniger vermögender Menschen oder aus riskanter Spekulation.

Finanzminister direkt ins Kabinett von George W. Bush. Senator Phil Gramm heuerte nach vollbrachter Arbeit, CDs *nicht* zu regulieren, bei der Investmentbank UBS an.[15] Ex-Fed-Chef Alan Greenspan berät nunmehr den Vermögensverwalter Pimco. Und Robert »ping pong« Rubin tauschte wie Paulson seinen Vize-Chefsessel bei Goldman Sachs ebenfalls gegen den des Finanzministers, bevor er in den Vorstand von Citigroup wechselte und heute Barack Obama berät.[16] Jeder dritte Kongressabgeordnete wechselt heute nach Ablauf seiner Amtszeit direkt ins Lobbying-Geschäft.[17] In Europa ist es kaum anders: Der designierte Präsident der Schweizer Nationalbank Philipp Hildebrand war zuvor Investmentbanker und Hedge-Fonds-Manager. Österreichs Ex-Finanzminister Karl-Heinz Grasser wurde ebenfalls Fonds-Manager, und Josef Ackermann durfte seinen Geburtstag in den Amtsräumen von Angela Merkel feiern.

Die Kernthese dieses Buches lautet: Wenn das Finanzvermögen die Realwirtschaft um ein Vielfaches übersteigt und die Geldvermittlung zu einem gewinnorientierten Geschäftszweig wird, ist es um die Demokratie geschehen. Wachsen sich Banken, Vermögensverwalter, Versicherer und Börsen zu einer mächtigen Industrie aus, haben Regierungen keine Chance mehr, diese zu regulieren. Umgekehrt wird dann die gesamte Gesellschaft von der Finanzindustrie reguliert. Es kommt zum vielbesungenen »Primat der Wirtschaft über die Politik«, die Gesellschaft befindet sich in Geiselhaft der Finanzmärkte.

2. Dreißig Jahre Entfesselung der Märkte

Diese These lässt sich durch die jüngere Geschichte eindrucksvoll belegen: Die Finanzmärkte wurden nämlich schon einmal global reguliert. Jedoch gelang es ihnen, diese politischen Fesseln wieder zu sprengen. Als Antwort auf die Weltwirtschaftskrise steckten 1944 die Siegermächte des Zweiten Weltkriegs das globale Finanzsystem in ein enges Korsett von Regeln, um eine Wiederholung der Weltwirtschaftskrise zu verhindern. Zudem wollten die westlichen Industrieländer dem aufstrebenden Kommunismus einen »attraktiveren« und stabileren Kapitalismus entgegenhalten. Auf der Konferenz von Bretton Woods im US-Bundesstaat New Hampshire wurde deshalb der US-Dollar zur Leitwährung gekürt und an Gold gebunden. Die Wechselkurse der anderen Währungen zum Dollar wurden fixiert, die Notenbanken verpflichteten sich, die Kurse zu verteidigen. Kapitalverkehrskontrollen hemmten die Freiheit des Kapitals und globale Institutionen wie Weltbank und Währungsfonds rundeten das Arrangement ab. Das System von Bretton Woods verschaffte dem chronisch krachenden Kapitalismus eine »Krisenverschnaufpause«: Die Stabilität nach dem Zweiten Weltkrieg währte drei Jahrzehnte und bildete die Grundlage für das Wirtschaftswunder in Europa. Allerdings war dem Bretton-Woods-Regime von Anfang an ein Systemfehler eingebaut: Der US-Dollar spielte neben seiner Rolle als Landeswährung gleichzeitig die Rolle der Weltleitwährung. Diese Doppelaufgabe konnte er nicht erfüllen. Um den Vietnamkrieg zu finanzieren, druckten die USA Ende der 1960er Jahre inflationär Geld, wodurch der Dollar die Golddeckung und gegenüber den anderen Währungen an Wert verlor. 1971 musste zunächst der Goldstandard aufgegeben werden und zwei Jahre später das Fixwechselkurssystem.

Das System von Bretton Woods hätte durch das Aufgreifen der Vorschläge des britischen Delegierten John Maynard Keynes – politische Festlegung der Wechselkurse zu einer globalen Verrechnungseinheit – repariert werden können, doch das ideologische K.o. des Systems war inzwischen viel gravierender als das technische. Der Neoliberalismus war in den Siebzigerjahren stark geworden und kampagnisierte mit aller Macht gegen staatliche Regulierung und Steuerung der Märkte. Die neoliberalen Theoretiker um Friedrich von Hayek und Milton Friedman hatten den Glauben an »freie Märkte« in die Köpfe der Eliten gepflanzt: Märkte hätten am Ende immer recht, sie regulierten sich am besten selbst und liefen am reibungslosesten, wenn sie durch keine politische Intervention »von außen« gestört würden. Die Neoliberalen knüpften an die Liberalen an: »Es macht uns Vergnügen, die Vervollkommnungen eines so schönen und großartigen Systems zu betrachten, und wir sind nicht ruhig, bis wir jedes Hindernis, das auch nur im mindesten die Regelmäßigkeit seiner Bewegungen stören oder hemmen kann, beseitigt haben«, besang bereits Adam Smith das mechanistische Naturschauspiel freier Märkte.[18]

Dass Märkte aber weder Maschinen noch Organismen sind, keine zentrale Intelligenz besitzen und auch von keiner unsichtbaren Hand gesteuert werden, ist mittlerweile bekannt. Märkte sind das Zusammenspiel unterschiedlichster Akteure, von denen manche »rational« handeln, manche weniger. Manche haben bessere Informationen, andere weniger gute. Oft gehen mächtige Marktakteure mit hochirrationalem Verhalten voran, und ganze Heerscharen von Nachahmern folgen ihnen in den Abgrund.

Die neoliberale »Effizienzmarkthypothese«, die der Politik der Liberalisierung zugrunde liegt, besagt, dass das Kapital stets zu derjenigen Stelle findet, an der es die größtmögliche Rendite erzielt und damit den größtmöglichen Beitrag zum Wachstum des Gesamtkuchens beiträgt. Spätestens seit der Hypothekenkrise ist so eine Annahme peinlich: Das globale Anlagekapital strömte in großen Massen in den US-Subprime-Markt, also in ein Segment von übelster Qualität. Was beweist: »Freie« Märkte können mindestens genauso gut versagen wie funktionieren. »Der Gott namens Markt ist tot«, befand der brasilianische Präsident Lula da Silva auf dem Weltsozialforum 2009 in Belém.[19]

Die Regierungen der westlichen Länder glaubten in den letzten dreißig Jahren immer ehrfürchtiger an diesen Gott. Sie stellten »freie« globale Finanzmärkte her und verzichteten auf jede vernünftige Regulierung, Kontrolle und Aufsicht dieser Märkte. Es wäre das Gleiche, als hätten sie weltweit zehnspurige Autobahnen errichtet und gleichzeitig die Straßenverkehrsordnung abgeschafft, die Verkehrsschilder weggeräumt, die Bodenmarkierungen gelöscht und die Zulassungspflicht für Kraftfahrzeuge aufgehoben. Dann wäre es nur eine Frage der Zeit, bis es zur Massenkarambolage kommt und der Verkehr stillsteht. Auf den globalen Finanzmärkten sind wir heute so weit. Welche Meilensteine liegen auf dem Weg zum globalen Finanzcasino?

Lasse die Wechselkurse frei schwanken

Der erste Schritt war die Freigabe der Wechselkurse 1973. Zu dieser Option hätte es eine Alternative gegeben: John Maynard Keynes, der Vertreter Großbritanniens in Bretton Woods, hatte schon 1944 vorgeschlagen, anstelle des US-Dollars eine neutrale Verrechnungseinheit als Weltwährung einzurichten, zu der die Wechselkurse aller Landeswährungen politisch festgesetzt werden sollten. Scheiterte Keynes 1944 an den USA, die bis heute von der Leit- und Ölwährungsfunktion des US-Dollars profitieren, so war es 1973 der Neoliberalismus, der das Aufgreifen seines Vorschlags verhinderte. Die Politik sollte sich zurückziehen und wichtige Entscheidungen – wie die Bildung der Wechselkurse – dem »Markt« überlassen. So geschieht es seither, wenn auch nicht besonders rational. Oft steigt eine Landeswährung, wenn die Ökonomie gerade schwächelt; umgekehrt verfallen die Währungen starker Ökonomien. Seit dem Zusammenbruch des Bretton-Woods-Systems führt die Kombination von freiem Kapitalverkehr und freien Wechselkursen zu stark schwankenden Kursen, zu massiver Devisenspekulation und sogar zu spekulativen Attacken auf Währungen. Dabei erzwingen die Angreifer eine Abwertung, indem sie in der Ziel-Währung Kredite aufnehmen und sofort in US-Dollar oder eine andere stabile Währung umtauschen. Durch den Verkauf sinkt der Kurs der Währung – oder stürzt gar ins Bodenlose wie in Südostasien 1998. Der Kredit kann nun mit einem Bruchteil der eingetauschten Dollars zurückgezahlt werden, der Profit auf Kosten der attackierten Währung ist enorm.

    Welches Risiko Fremdwährungskredite bei freien Wechselkursen bergen, haben viele Bauherren schmerzhaft erfahren. Würden die Wechselkurse politisch festgelegt, wäre das Risiko nahezu bei null.

Liberalisiere den Kapitalverkehr

Der freie Kapitalverkehr ist das Herzstück der neoliberalen Globalisierung. Er ist der Inbegriff der Freiheit des Kapitals. Ähnlich wie beim Menschen besteht die unmittelbarste Form, die Freiheit einzuschränken, in der Beschränkung seiner Bewegungsfreiheit. Dem Kapital war die längste Zeit der Weg versperrt, es durfte entweder gar nicht über die nationale Grenze oder nur befristet, nur in bestimmter Menge oder gegen teure Gebühren. Bis in die 1970er Jahre war das Kapital selbst innerhalb der EU weitgehend ortsgebunden. Das war die Zeit der sozialen Marktwirtschaft, in der der Wohlstand für alle am schnellsten zunahm, die Ungleichheiten nahmen sogar ab, auf dem bewegungsunfähigen Kapital lasteten hohe Steuern. Die nationalen Gefängnisse für das Kapital wurden systematisch abgerissen. Frankreich, Holland und Dänemark schafften ihre letzten Kapitalverkehrsbeschränkungen in den 1980er Jahren ab; Italien, Belgien, Luxemburg, Griechenland und Österreich sogar erst in den 1990ern.[20] Die EU verbot jede Beschränkung des Kapitalverkehrs in einem Zusatz zum Vertrag von Maastricht per 1. Januar 1994.[21]

Der neue Geist, in dessen Namen dem Kapital die freie Mobilität gewährt wurde, war der Neoliberalismus nach Hayek, Friedman, Reagan und Thatcher. Wer sich nicht freiwillig dem neuen Zeitgeist unterwarf, wurde genötigt. Entwicklungs- und Schwellenländer mussten auf Geheiß von Weltbank und Währungsfonds oder via »bilaterale Investitionsschutzabkommen« ihre Finanzmärkte öffnen. Als Südkorea 1996 der OECD beitrat, musste es als Bedingung den Kapitalverkehr freigeben – eine Maßnahme, die sich bereits ein Jahr später bitter rächte. Die südkoreanische Wirtschaft schrumpfte 1998 um fast sechs Prozent – im Unterschied zu China und Indien, die so gut wie nichts von der Finanzkrise bemerkten, weil sie nicht blind liberalisiert hatten. 2008 erwischte es auch China, das inzwischen seine Finanzmärkte geöffnet hatte, mit voller Wucht.

Der freie Kapitalverkehr hat zahlreiche negative Wirkungen:
- Die Gewinner der Globalisierung können ihre Gewinne in Steueroasen und Offshore-Zentren parken und sich ihrer Steuerpflicht entziehen.
- Riskante Hedge-Fonds können sich rechtlich in Steueroasen ansiedeln, auch wenn sie von London, New York oder Frankfurt aus gemanagt werden und das globale Finanzsystem destabilisieren.
- Notenbanken können die Zinsen nicht senken, auch wenn das für die Wirtschaft gut wäre, weil sie fürchten müssen, dass das Kapital an andere Standorte ausweicht, wo die Zinsen höher sind. Damit ist der wichtigste Hebel der Wirtschaftspolitik – die Geldpolitik – nur beschränkt einsetzbar.
- Spekulative Attacken auf Währungen werden möglich, zum Beispiel 1992 der erfolgreiche Angriff auf das britische Pfund, 1997 auf den thailändischen Bath oder 2008 auf die isländische Krone.
- Wenn eine Finanzkrise in einem Erdteil ausbricht, können sich weder die betroffenen Länder durch Kapitalausfuhrkontrollen noch die noch nicht betroffenen Länder mit Kapitaleinfuhrkontrollen vor einer Ansteckung schützen.

Das alles ist den PolitikerInnen, die den Kapitalverkehr »frei« gemacht haben, bekannt und bewusst, sie haben dennoch das Glaubensbekenntnis freier Märkte vorgeschoben, um die Interessen derer, die bei dieser Regulierung gewinnen, zu bedienen. Artikel 56 des EG-Vertrags lautet: »Alle Beschränkungen des Kapitalverkehrs zwischen den Mitgliedstaaten sowie zwischen den Mitgliedstaaten und dritten Ländern sind verboten.« Wörtlich alle. Kein Mitgliedsland darf den Kapitalverkehr mit einer Steueroase einschränken, kein Mitgliedsland darf Steuer- oder Kapitalflucht eindämmen, die gesamte EU darf sich nicht einmal vor spekulativen Attacken oder vor der Ansteckung mit einer Finanzkrise schützen. Das ist Fundamentalismus. Die Freiheit und Sicherheit der Allgemeinheit wird zugunsten der Kapitalinteressen geknebelt. Nur ein Gedankenexperiment: Wie würde sich derselbe Satz auf Menschen angewandt anhören? »Alle Beschränkungen der Reisefreiheit von Menschen zwischen den Mitgliedstaaten sowie zwischen den Mitgliedstaaten und dritten Ländern sind verboten.« Das wäre doch etwas. In der EU hat das Kapital mehr Rechte als Menschen: eine klare Definition für Kapitalismus.

Mache deine Banken wettbewerbsfähig

Man könnte es so sehen: Geld und Kredit sind aufgrund ihrer fundamentalen Bedeutung als Infrastruktur für alle Wirtschaftsvorgänge eine öffentliche Dienstleistung – und keine Ware. Institutionen, die Geld in Umlauf bringen und Kredite vermitteln, sollten daher definierte Ziele erfüllen und klaren Regeln folgen, damit sie nicht auf abwegige Ideen kommen. Aus dem Geldgeschäft Gewinn schlagen sollte grundsätzlich verboten sein. Das wäre für die meisten Banken nichts Neues: Das europäische Wirtschaftswunder gelang fast ausschließlich mit nichtgewinnorientierten Banken: Raiffeisenbanken, Volksbanken, Sparkassen und öffentliche Großbanken. Ihnen allen ging es nicht primär um Profit, sondern darum, dass die lokale Wirtschaft unbürokratisch und günstig mit Geld versorgt wurde. Geld ist *die* Grundinfrastruktur einer Marktwirtschaft.

Seit den 1980er Jahren wandelten die Banken jedoch infolge der neoliberalen Wende ihr Ziel, sie wurden zu größeren Einheiten zusammengefasst und mutierten zu gewinnorientierten Geschäftsbanken; einige von ihnen noch weiter zu »innovativen« Investmentbanken. Die EU beförderte diese Entwicklung auf mehreren Ebenen. Seit 1999 bastelt sie am Finanzbinnenmarkt, der die Geschäftsbanken der Mitgliedstaaten zueinander in Konkurrenz setzt, auf dass die »effizienteren« (und größeren) die restlichen auffressen mögen. Damit hat die EU Finanzgiganten herangezüchtet, die groß genug sind, um im globalen Wettbewerb bestehen zu können: Die Global Players der EU sollen die Konkurrenz aus Asien, Lateinamerika und den USA schlucken und nicht umgekehrt von ihnen gefressen werden. Der globale Markt muss jedoch ebenfalls politisch eingerichtet werden, das erledigen EU und USA gemeinsam über die Welthandelsorganisation WTO und deren Dienstleistungsabkommen GATS. Dieses stellt die freie globale Konkurrenz zwischen in- und ausländischen Finanzunternehmen her. Es bildet die rechtliche Grundlage für die Entstehung globaler Bankenoligopole. Infolge der Mehr-Ebenen-Liberalisierung rollen die Fusionswellen, aus lokalen Zwergen werden globale Riesen. Eine »Karriere« von vielen: Die Zentralsparkasse der Gemeinde Wien wurde mit der Länderbank zur Bank Austria fusioniert, die nach dem Verschlingen der Creditanstalt von der Bayerischen HypoVereinsbank gefressen wurde und diese wiederum von der italienischen UniCredit, der gegenwärtig Fusionsgelüste mit den größten italienischen Banken nachgesagt werden. Ironie der Geschichte: Die »Zuchterfolge« des Finanzbinnenmarktes sind in der aktuellen Krise »too big to fail«, zu groß, um Bankrott machen zu dürfen, weil sie sonst das gesamte Finanzsystem in den Abgrund reißen würden. Bravo: Im Namen des freien Marktes hat die EU jene 44 Riesenbanken hochgezüchtet, auf die sie nun die Anwendung der Marktgesetze verbietet. Stattdessen werden sie mit Steuergeld gerettet. Dafür sind die meisten kleinen tot: Von den 161 Gemeinde- und Vereinssparkassen, die es in Österreich 1980 gab, sind heute noch 55 übrig. In Deutschland ist die Zahl der Sparkassen von über 3000 auf heute 438 geschrumpft.

Gewähre den Geschäftsbanken das Recht auf Geldschöpfung

Geschäftsbanken genießen ein einmaliges Privileg. Sie dürfen gewerbsmäßig Geld, das sie weder besitzen noch selbst ausgeliehen haben, als Kredit verborgen, der mit Zinseszins zurückgezahlt werden muss. Aus dieser Geldschöpfung durch Kreditvergabe erzielen die Geschäftsbanken Milliardengewinne. Ihre Möglichkeit, Geld einfach zu schaffen, ist zwar durch verschiedene Regeln – Bargeldreserve, Mindestreserve und Eigenkapitalanforderung – begrenzt, aber dennoch in beachtlichem Umfang möglich. Die Geldexperten Joseph Huber und James Robertson schätzen, dass den EU-Staaten durch die Überlassung des Vorrechtes der Geldschöpfung an private Banken jährlich rund 400 Milliarden Euro entgehen – das Dreifache des gesamten EU-Budgets![22] Würde das Vorrecht der Geldschöpfung an die Zentralbank übergeben, könnte sie mit diesen Gewinnen a) die Zinsen verbilligen, b) dem Staat eine zusätzliche Einnahmequelle verschaffen, c) die Staatsschulden verringern oder d) die Steuern senken. Endlich einmal ein appetitliches politisches Menü.

Überlasse den Fonds das Feld

Die letzten 25 Jahre waren von einer völligen Neustrukturierung der Akteurslandschaft auf den Finanzmärkten geprägt. Nicht nur die Banken verwandelten sich, zusätzlich schossen Fonds aller Art wie Pilze aus dem sogenannten freien Finanzmarkt: Pensionsfonds, Investmentfonds, Hedge-Fonds, Private-Equity-Fonds und sogar Staatsfonds. Von den 110 Billionen gemanagtem Finanzvermögen liegen 28 Billionen in Pensionsfonds, 26 Billionen in Investmentfonds und zwanzig Billionen in den Händen von Versicherungen.[23] Die Fonds sammeln die wachsenden Finanzvermögen ein und versprechen abenteuerliche Renditen. Im Investmentfonds hat der Kapitalismus sein idealtypisches Unternehmen gefunden. Es geht nur noch um die Vermehrung von Geld, koste es, was es wolle. Fonds können Arbeitsplätze zerstören, Löhne drücken, der Umwelt schaden, Unternehmen liquidieren, die Nahrungsmittelpreise in die Höhe jagen und den Hunger verschärfen: alles Kollateralschäden der kapitalistischen Logik, die uns mit dem einlullenden

Satz »Lassen Sie Ihr Geld für sich arbeiten« schmackhaft gemacht werden soll.

Je größer die Finanzvermögen werden, desto mehr Fonds bieten ihre »Verwaltungsdienste« an: Gab es 1980 kaum hundert Hedge-Fonds, so sind es heute 10 000. Die Private-Equity-Industrie entstand in den 1980er Jahren in den USA und fasste ab Mitte der 1990er Jahre in der EU Fuß. Von den Staatsfonds, vor zehn Jahren noch ein Fremdwort, tummeln sich mittlerweile vierzig auf der Welt. Zusammen verwalten sie rund fünf Billionen US-Dollar. Die meisten Staatsfonds gehen auf Handelsüberschüsse Chinas und der erdölexportierenden Länder zurück. Anstatt ihre Deviseneinnahmen nur in müden, sprich niedrig verzinsten US-Staatsanleihen anzulegen, gehen sie lieber auf Einkaufstour. Wie komme ich billig zu westlicher Technologie? Indem ich mir die Leckerbissen aus dem weltweiten Menü an Aktiengesellschaften herauspicke. Siemens kostete Anfang 2009 rund vierzig Milliarden US-Dollar. So eine Firma könnten die Abu Dhabi Investment Authority, die über 875 Milliarden US-Dollar im Bauch hat, oder die Chinese Investment Corporation, 200 Milliarden schwer, aber auch der norwegische Government Pension Fund (350 Milliarden), mit einem Nasenloch aufschnupfen. Doch die Staatsfonds kommen klugerweise auf Zehenspitzen: Der arabische Staatsfonds IPIC stieg Anfang 2009 bei Daimler mit dis-kreten 1,95 Milliarden Euro ein (9,1 Prozent). Gingen die Staatsfonds selbstbewusster auf Einkaufstour, würde der Westen die freie Marktwirtschaft über Nacht abschaffen. Die USA und Deutschland haben bereits erste Gesetze erlassen, um ihre Unternehmen vor der Übernahme durch Staatsfonds zu protegieren (während sie in der G20 hochoffiziell dem »Protektionismus« abschwören).

Die Fonds arbeiten mit hoher »Hebelwirkung«: Sie nehmen ein Vielfaches ihres Eigenkapitals als Kredit auf und können damit das Anlagerisiko und ihre Anlagemacht vervielfachen. Ein Fonds der Betreibergesellschaft Carlyle Capital nahm mit einem Eigenkapital von 670 Millionen US-Dollar Ramschhypotheken im Wert von 22 Milliarden US-Dollar auf.[24] Private-Equity-Fonds übernehmen immer mehr Firmen mit Krediten, die sie diesen aufbürden und diese rückzahlen lassen. Die Fonds verwandeln Geld von einem Schmiermittel in einen Machthebel. Das Finanzvermögen dient nicht mehr, es herrscht jetzt.

Prüfe neue Produkte nicht

Wenn Gewinn zum Ziel eines Finanzinstituts wird, dann lenken diese Unternehmen ihre Kreativität nicht mehr in das ursprüngliche Ziel der »öffentlichen Dienstleistung« – kostengünstige Kreditvergabe, sicheres Sparkonto, reibungsloser Zahlungsverkehr –, sondern eben in das neue Ziel, aus Geld mehr Geld zu machen: Alchemie. Das wirkungsvollste Zaubermittel bei der wundersamen Geldvermehrung sind Derivate. Das sind Wetten auf die zukünftige Preisentwicklung von Aktien, Anleihen, Rohstoffen, Währungen oder Krediten. Investoren und Fonds spekulieren auf steigende und fallende Kurse, und je stärker die Kurse schwanken, desto höher sind ihre Gewinnchancen. Somit haben sie ein inhärentes Interesse an Instabilität. Opfer der Derivatespekulation können attackierte Währungen sein, die globalen Energie- und Lebensmittelpreise oder Unternehmen, deren Aktien »leer« verkauft werden.

In der Geschichte des Kapitalismus hat sich kein Markt so rasant entwickelt wie der für Derivate. Mitunter wird argumentiert, dass es Finanzderivate schon seit der Entstehung der Börsen Anfang des 17. Jahrhunderts gibt: Doch das globale Casino, das derzeit am Bersten ist, wurde in den letzten zehn bis zwanzig Jahren aufgezogen. Gab es 1980 kaum hundert Optionsscheine, so sind es heute mehr als 50 000. Die »credit default swaps«, die eine Schlüsselrolle bei der Hypothekenkrise gespielt haben, wurden erst vor wenigen Jahren erfunden, ihr Volumen explodierte jedoch allein zwischen Juni 2006 und 2008 von zwanzig Billionen auf 57 Billionen US-Dollar, das ist ein höherer Wert als das Welt-BIP (55 Billionen). Die Summe aller außerhalb der Börse abgeschlossenen Derivat-Verträge belief sich Mitte 2008 auf 684 Billionen US-Dollar, das Zwölffache der Weltwirtschaftsleistung.[25] Misst man das Handelsvolumen dieser Kontrakte, kommt man allein an den beaufsichtigten Börsen auf das Vierzigfache des Welt-BIP oder unglaubliche 2,2 Billiarden US-Dollar.[26] Erstmals in meiner zehnjährigen Karriere als Wirtschaftsjournalist muss ich diese Größenordnung (eine Billiarde = eine Million Milliarden) in die Hand nehmen. Der Vergleich mit dem Turmbau zu Babel drängt sich geradezu auf. Die Billiarden-Türme der Finanzderivate wurden in Windeseile hochgezogen, ebenso rasch werden sie wieder einstürzen und dabei jede Menge Schäden anrichten. Vorboten des Derivate-GAUs gibt es in großer Zahl: Die traditionsreiche britische Barings Bank wurde ebenso Opfer des brandgefährlichen Einsatzes von Finanzderivaten wie die französische Société Générale oder die Berliner Metallgesellschaft; der kalifornische Landkreis Orange County ebenso wie der Hedge-Fonds Amaranth oder die österreichische Gewerkschaftsbank BAWAG. Das bisher größte Opfer war der legendäre Long-Term Capital Management Fund LTCM, der Mitte der 1990er Jahre von zwei Nobelpreisträgern für Risikomathematik aufgesetzt wurde und 1998 spektakulär implodierte. Der Fonds hatte mit nur fünf Milliarden US-Dollar Eigenkapital Kredite im Wert von 120 Milliarden US-Dollar erhalten und Derivate-Positionen über 1,25 Billionen Dollar aufgebaut – und sich dabei verspekuliert.

Der Bankrott des Fonds drohte das globale Finanzsystem in den Abgrund zu reißen. Nur die konzertierte Rettungsaktion von vierzehn Banken unter Führung der Federal Reserve, die dem Fonds 3,65 Milliarden US-Dollar frisches Kapital zuführten, konnte den globalen Kollaps noch einmal verhindern. Derivate stellen das vermutlich größte Systemrisiko der globalisierten Finanzmärkte dar. Star-Investor Warren Buffett bezeichnete sie in einem Brief an seine Investoren als »finanzielle Massenvernichtungswaffen«.[27] Dennoch haben die Regierungen entschieden, dass Derivate bis heute völlig frei in Umlauf gebracht werden dürfen – ohne irgendeine gesetzliche Risikokontrolle oder Zulassungsprüfung, wie sie bei Lebensmitteln, Medikamenten oder Autos selbstverständlich ist. Zwar unternahm der US-Kongress einen Anlauf zur Regulierung von Derivaten, doch die Finanzlobby war stärker. Finanzminister Robert Rubin, sein Vize Lawrence Summers und an oberster Stelle Alan Greenspan wehrten Ende der 1990er Jahre die Initiative der Kommission zur Regulierung von Derivaten (Commodity Futures Trading Commission) erfolgreich ab.[28]

Derivate: Entwicklung »finanzieller Massenvernichtungswaffen« (2008)

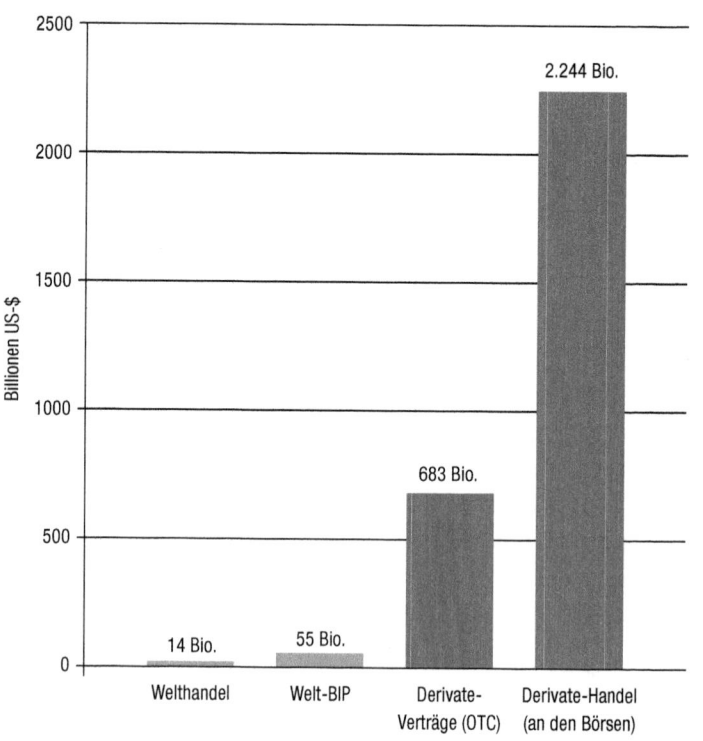

Quellen: WTO, IWF, BIZ

Kapitalmarktoffensiven!

Freier Kapitalverkehr, frei schwankende Wechselkurse, gewinnorientierte Banken, viele tausend Fonds und Billiardengebirge aus Derivaten sind noch nicht genug. Das Casino bedarf noch einer massiven politischen Werbekampagne: Kapitalmarktoffensiven! So, als hätten die Kapitalmärkte während des »Wirtschaftswunders« im Dornröschenschlaf gelegen und warteten sehnlich auf den Erweckungskuss des Prinzen Neoliberalismus.

Doch es fragt sich: Was sind denn Kapitalmärkte? Meinen die Regierungen die Kreissparkasse und die örtliche Raiffeisenbank? Soll dem Sparbuch die Zinsertragsteuer erlassen oder beim Bausparvertrag die staatliche Prämie aufgepeppt werden? Nein, mit »Kapitalmärkte« sind die Börsen gemeint, die Epizentren des Kapitalismus. Die Menschen sollen ihr Geld von den Sparbüchern abschichten und den Börsen und Aktienfonds in den Rachen werfen. Die politische Begründung dieser monetären Migration von der Bank zur Börse: Starke »Kapitalmärkte« führen angeblich zu mehr Innovationen und Investitionen und damit zur Schaffung von Arbeitsplätzen und zu Wohlstand. Empirisch lässt sich jedoch nichts davon belegen. Der einzige sichere Zusammenhang zwischen Volkswirtschaften und umsatzstarken Börsen ist jener der steigenden Instabilität und der ungerechteren Verteilung. Genau das ist die »hidden agenda« der Regierungsoffensiven: Umverteilung von der Allgemeinheit zu den Reichen hin, auch um den Preis, dass dabei die Volkswirtschaften destabilisiert werden. Diese Politik heißt Shareholder-Value: mehr Wert für die Aktionäre – weniger für alle anderen.

Obwohl die USA vorexerziert haben, was die Shareholder-Value-Politik bringt – explodierende Ungleichheit, unsichere Renten, astronomische Managergehälter und das Entstehen finanzkrimineller Energie –, haben die Regierungen in Europa diese blind übernommen und das »Volk der Aktionäre« Schritt für Schritt aufgebaut: Deutschland startete seine Offensive für das Kapital 1990 mit dem »Finanzmarktförderungsgesetz«, 1991 wurde die Börsenumsatzsteuer abgeschafft, 2000 dynamisierte die Regierung den Aktienhandel, indem sie Veräußerungsgewinne freistellte, 2002 legalisierte sie Leerverkäufe, 2003 ließ sie Hedge-Fonds auf den Markt (»Investmentmodernisierungsgesetz«), 2004 schaffte sie die Gewerbesteuer für Hedge-Fonds und Private-Equity-Fonds ab[29] und erlaubte den Kauf von Krediten durch Nichtbanken; 2008 rundete sie ihr Werk – vorerst – mit dem Wagniskapitalbeteiligungsgesetz ab, das von Kritikern als »Private-Equity-Förderungsgesetz« bezeichnet wird[30]: Sehr fleißig!

Die österreichische Bundesregierung startete 2000 eine »Kapitalmarktoffensive«, im Zuge derer ebenfalls die Börsenumsatzsteuer gefällt wurde, Aktienoptionen für Spitzenmanager steuerbegünstigt wurden und die Privatisierung der Renten als Mittel genutzt wurde, um die im Tiefschlaf befindliche Wiener Börse wachzurütteln. Das gelang auch: Nach 2000 legte der ATX einen kometenhaften Aufstieg hin, was die Hoffnungen der kleinen AnlegerInnen auf eine üppige Pension nährte. Bis Ende 2008 investierten die ÖsterreicherInnen 2,5 Milliarden Euro in die »prämienbegünstigte Zukunftsvorsorge«. Nach dem märchenhaften Aufstieg brach der Finanzplatz Wien im Krisenjahr 2008 jedoch doppelt so stark ein wie die Börsen in Frankfurt oder New York. Am Ende des Jahres waren die österreichischen Aktiengesellschaften nur noch ein Drittel so viel wert wie an dessen Beginn: fünfzig statt 150 Milliarden Euro. Und die private Altersvorsorge war futsch.

3. Die Entstehung der Subprime-Krise

Neoliberale Politik hat die Finanzmärkte also insgesamt so umreguliert, dass sie hochkrisenanfällig wurden. Ich werde jetzt noch an der Hypothekenkrise zeigen, dass auch diese »technisch gesehen« problemlos vermeidbar gewesen wäre. An mindestens sechs Stellen hätte eine vernünftige Regulierung die Krise verhindern können, wenn es den politischen Willen zur Regulierung gegeben hätte.

Fahrlässige Kreditvergabe

Besitzen Sie ein kleines Unternehmen und haben Sie schon einmal einen Kredit von Ihrer Hausbank benötigt? Wurde Ihnen jemals ein Kredit nachgeworfen? Eben. Sie mussten Sicherheit um Sicherheit vorweisen und erhielten dann – vielleicht – den beantragten Kredit. Hätten diese Regeln auch für die Hypothekenbanken gegolten, wäre es nicht zur Krise gekommen. Die »freien« Banken warfen selbst Personen, die nicht im Leisesten kreditwürdig waren, das Geld hinterher. Wer zögerte, ob er das Angebot der Bank annehmen sollte, wurde mit unwiderstehlichen Konditionen geködert: Rückzahlungsfreiheit im ersten Jahr, danach für mehrere Jahre extrem niedrige Zinsen und neue Einrichtungsgegenstände gleich mitfinanziert. Das Kleingedruckte im Kreditvertrag – die veränderlichen Zinsen – überlasen die meisten Käufer, die sich gerne vom US-Traum eines Eigenheims anstecken ließen. Die Kreditkeiler verschwiegen ihren Opfern das Risiko und redeten ihnen ein, dass die Häuserpreise ewig weitersteigen würden, weshalb der Fall, dass die Immobilie als Sicherheit an die Bank zurückfallen werde, so gut wie ausgeschlossen sei. Dann stiegen die US-Leitzinsen zwischen 2004 und 2006 von einem auf 5,25 Prozent, was die Hausbaukredite jäh verteuerte und für viele unbezahlbar werden ließ.

Das Regulierungsversagen des Staates bestand darin, dass die Banken bei der Kreditvergabe an Privatpersonen nicht annähernd so strenge Kriterien zu erfüllen hatten, wie dies bei Krediten an Unternehmen internationales Recht ist. Die vorübergehend niedrigen Zinsen, die häufig für die unmäßige Kreditvergabe verantwortlich gemacht werden, hätten nicht den geringsten Schaden anrichten können, wenn die Banken Mindeststandards bei der Kreditvergabe hätten einhalten müssen. (Auch die Eigenheimförderung durch den Staat war schuld, weil es a) diese schon seit 1977 gibt, b) achtzig Prozent der Subprime-Kredite nicht staatlich garantiert waren und c) die Ausfallsrate bei den staatlich garantierten Subprime-Krediten niedriger als bei den »freien« war.[31] Hier versuchen Krisen-Interpreten das Marktversagen in ein Staatsversagen umzuwandeln.)

Kredite aus der Bilanz tricksen

Je mehr Kredite eine Bank vergibt, desto mehr Gewinne kann sie machen. Größtes Hindernis bei der Gewinnmaximierung sind die Eigenkapitalvorschriften für Banken. Nach Basel II müssen acht Prozent der Kreditsumme mit eigenen Mitteln unterlegt sein, anders: Die Bank kann nur Kredite im Ausmaß des Zwölffachen des eigenen Vermögens vergeben. Wie schade! Wo es doch so viel mehr potenzielle Eigenheimträumer gibt. Was tun? Genau: einen Teil der Kredite aus den Bilanzen operieren. Nicht nur in den USA, auch in Europa übersiedeln Banken seit einigen Jahren Kredite massenweise in sogenannte Zweckgesellschaften (»special purpose vehicles«, SPV), um die Eigenmittelvorschriften zu umgehen. Die meisten SPVs sitzen in Steueroasen, wo sie dem Zugriff der Bankenaufseher entzogen sind. Auch hier schauten die Aufsichtsbehörden zu. Schätzungen zufolge wurde die Hälfte aller Kredite von diesen unbeaufsichtigten Schattenbanken vergeben: Regulierungsversagen Nummer zwei.

Kredithandel

Natürlich gibt es einen Grund, warum die Banken auf so extrem fahrlässige Weise Kredite vergaben. Sie wussten, dass sie die Kredite und das damit verbundene Risiko nicht selbst halten, sondern zur Hintertür wieder hinausverkaufen würden – an globale Investoren, die gierig nach profitablen Anlagen suchten. Was sagt Ihnen der Haus(banken)verstand, wozu eine Bank da ist? Damit sie Risiken produziert und an Dümmere verkauft? Oder damit sie Kreditrisiken einschätzt und diese dann auch selbst trägt? Vermutlich würden sich neun von zehn Personen für die zweite Variante entscheiden. Und so war es auch die längste Zeit. Der Weiterverkauf von Krediten durch Banken war die Ausnahme. Anders in den letzten Jahren. Banken mutierten zu Risikoproduzenten, indem sie massenhaft Kredite vergaben und diese in Handel brachten. Laut Josef Ackermann von der Deutschen Bank werden heute achtzig Prozent aller Kredite nicht von den vergebenden Banken gehalten, sondern weiterverkauft.[32]

Regulierungsversagen Nummer drei: Der Weiterverkauf von Krediten, die Verteilung von Risiko dürfte nur in Ausnahmefällen erlaubt sein. Banker rechtfertigen den Verkauf von Krediten gerne mit dem Argument der »Streuung von Klumpenrisiken«. Doch diesmal wurde durch die beruhigende Aussicht, dass das Risiko durch Kredithandel global zerstreut werde, ein so großes globales Klumpenrisiko erzeugt, dass sich alle zusammen daran verschluckten.

Verpackung von Gammelfleisch (Verbriefung)

Die Banken verkauften ihre Kredite zunächst an Investmentbanken, und diese »strukturierten« Kredite aller Art und unterschiedlicher Bonität zu Mischpaketen (»collateralized debt obligations«, CDOs), welche sie an Finanzinvestoren aus aller Welt weiterverkauften, zum Beispiel an deutsche Banken. Die Käufer waren aber nicht nur einfach doof, sondern sie wurden nach allen Regeln der (Verpackungs-)Kunst getäuscht. Die Investmentbanken überzogen dicke Bündel fauler Kredite, nennen wir sie »Gammelfleisch«, mit einer dünnen Folie von Qualitätsfleisch oder »guten« Krediten, was das ganze Paket recht appetitlich erscheinen und die globalen Anleger gierig zuschnappen ließ. Die Finanzmarktaufsicht schaute diesem Täuschungsmanöver der Investmentbanken tatenlos zu. Insgesamt wurden Kreditbündel im Wert vieler Billionen US-Dollar ganz legal geschnürt: Regulierungsversagen Nummer vier.

Das Versagen der Rating-Agenturen

Eigentlich hätte das Risiko von denjenigen erkannt und aufgedeckt werden müssen, die auf den »freien Finanzmärkten« für die Qualitätsprüfung und Risikokontrolle zuständig sind: die Rating-Agenturen. Diese stufen die Bonität – Kreditwürdigkeit, Ausfallsrisiko, Renditechance – von Banken, Unternehmen, Ländern, Aktien und Derivaten ein. Sie sind das Frühwarnsystem der globalen Finanzmärkte und sollten als Erste vor einer sich bildenden Blase warnen. Sie hätten die Gammelfleischbomben erkennen und mit »C« oder »D« (höchstes Risiko) kennzeichnen müssen anstatt mit »AAA« (beste Qualitätsnote). Dann hätten die internationalen Anleger die Finger vom Subprime-Müll gelassen.

Es war nicht das erste Mal, dass die Rating-Agenturen versagt haben. In Südostasien gaben sie Minuten vor dem Sturm noch grünes Licht; als Enron vor dem Bankrott stand, stuften sie die Aktien auf »Kaufen« ein; desgleichen in Island und nun das Subprime-Desaster. Warum versagt die private Risikokontrolle so frappierend und so regelmäßig? Der wichtigste Grund: Die Rating-Agenturen werden von denjenigen bezahlt, die sie eigentlich kontrollieren sollten. 2008 erwirtschafteten die Agenturen mehr als die Hälfte ihres Umsatzes mit der Risikobewertung von Derivaten. Das kann natürlich nicht gutgehen – genauso wenig, wie dass Wirtschafts- und Buchprüfer gleichzeitig Unternehmensberater spielen – das war der letzte große Vetternwirtschaftsskandal im US-Kapitalismus. Schuld an diesem Marktversagen sind aber nicht die Rating-Agenturen, das sind gewinnorientierte Privatunternehmen, sondern die verantwortlichen Aufsichtsbehörden, die es verabsäumt haben, für eine unabhängige und funktionierende Risikokontrolle zu sorgen: Aufsichtsversagen Nummer fünf.

Fahrlässige Ansteckung der EU

Wenn die USA politisch entscheiden, ihre Finanzmärkte nicht zu beaufsichtigen, ihren Banken keine Eigenkapitalvorschriften zu machen, Zweckgesellschaften in Steueroasen zu erlauben und finanzielle Massenvernichtungswaffen ungeprüft am Markt zuzulassen, so ist das ihr gutes Recht. Doch niemand zwingt die EU, es den USA gleichzutun. Die EU könnte frei entscheiden: Wir gestalten unsere Wirtschaft, wie wir wollen. Wir geben den Banken strenge Kreditvergaberegeln vor und unterziehen neue Produkte einer Prüfung. Kredite und Derivate, welche die Prüfung nicht bestehen, dürfen auch nicht von anderswo in die EU einreisen. Auf diese sinnvolle Vorgangsweise hat die EU bewusst verzichtet. Sie hat den milliardenschweren Import von finanziellem Giftmüll zugelassen, der in den Bilanzen der EU-Banken landete und jetzt mit Steuergeld entsorgt werden muss.

Dabei wäre es ein Leichtes gewesen: Der Kapitalverkehr dürfte nicht mit aller Welt *undifferenziert* frei sein, sondern nur so frei, dass sich die EU keinen unnötigen Risiken aussetzt wie zum Beispiel massiver Kapitalflucht, Steuerhinterziehung oder Giftmüllimport. Sie hätte differenzieren können: Wenn US-Exporteure ihre Dollars in Euros eintauschen wollen, sollen sie das zollfrei machen können; wenn US-TouristInnen Dollars in Euros eintauschen wollen: null Zoll. Wenn jedoch eine EU-Bank ein Subprime-Giftmüllpaket importieren will, dann müsste es heißen: Sorry, no way. Diese Produkte sind im EU-Finanzbinnenmarkt nicht zugelassen und dürfen daher auch nicht von außen einreisen. So hätten die EU-Banken nicht zu Deponien für den US-Giftmüll werden können.

Diese Differenzierung des Kapitalverkehrs ist derzeit nicht möglich, weil sich die EU mit Artikel 56 des EG-Vertrages zwingt, den Kapitalverkehr in alle Länder der Welt vollkommen freizuhalten. Die neoliberale Ideologie macht's möglich. Merkwürdig: Bei Menschen ist die EU zur Differenzierung fähig und bereit. Hier klassifiziert sie in Menschen der Güteklasse A, B und C. Menschen der Güteklasse A dürfen frei ein- und ausreisen wie das Kapital. Zugehörige der Güteklasse B dürfen nur unter bestimmten Auflagen und befristet einreisen. Sie müssen hohe bürokratische Hürden nehmen. Menschen der Güteklasse C dürfen gar nicht einreisen, für sie heißt es an der Grenze »stopp!«. Zur Durchsetzung dieser diskriminierenden Behandlung wendet die EU massive polizeiliche und militärische Mittel an, das Budget der Grenzschutzagentur Frontex hat sich in den letzten Jahren vervielfacht. Tausende von MigrantInnen werden wörtlich in die Wüste geschickt. Sie sterben rechtlos im Sand von Marokko, Tunesien, Algerien ...

Die Migrationspolitik bedarf dringend einer menschenrechtlichen Prüfung, das ist eine Sache. Hier soll gesagt werden: Es ist nicht zu erklären, wieso die EU bei der Einreise von Menschen aufwändig differenziert, bei der Einreise von Kapital dagegen nicht. Der Umstand, dass das Kapital in der EU offenbar mehr Rechte hat als Menschen, hat zu der absurden Situation geführt, dass die EU sich selbst verbietet, sich vor der Finanzkrise zu schützen.

4. Hätte die Krise verhindert werden können?

Technisch hätte die Politik die Finanzkrise also problemlos verhindern können. Es ist (mindestens) einem sechsfachen Regulierungsversagen zuzuschreiben, dass die Subprime-Krise in den USA entstehen und die EU sich mit voller Wucht anstecken konnte. Doch der Haken liegt im schon mehrmals angesprochenen Dilemma, dass sich gewinnorientierte Finanzmarktakteure nicht so leicht regulieren lassen, sondern umgekehrt dazu tendieren, die Aufseher zu regulieren, ihre Herren zu beherrschen. Der wichtigste strukturelle Grund, warum das demokratische System nicht mehr in der Lage ist, die Wirtschaft zu regulieren und zu gestalten, liegt in der kapitalistischen Marktwirtschaft selbst: Die Kapitalbesitzer und ihr Gewinninteresse werden mit der Zeit so stark und mächtig, dass sie den Regulator regulieren. Das Kapital unterwandert und korrumpiert die Politik, es instrumentalisiert den Staat und eignet sich das demokratische System an. Kapitalistische Marktwirtschaft und Demokratie sind auf Dauer unversöhnliche Gegensätze. In einer gereiften Marktwirtschaft mit hohem Geldvermögen, gewinnorientierten Weltkonzernen und einer mächtigen Vermögensverwaltungsindustrie ist die Regulierung der Wirtschaft nicht mehr möglich: Das Kapital gewinnt.

Teil II

Die Löscharbeiten der Regierungen

Zur unmittelbaren Brandbekämpfung haben die Regierungen eine breite Palette von Maßnahmen ergriffen, um den Kollaps des Finanzsystems zu verhindern und die Rezession so gut wie möglich abzufedern. Obwohl einige der getroffenen Maßnahmen zwingend nötig waren, haben sie verbreitet Unbehagen ausgelöst. Bei vielen Menschen ist das Gefühl entstanden, dass vorrangig die Reichen und ausgesuchte Konzerne gerettet werden und für die breite Bevölkerung wenig oder gar nichts getan wird – ihr drohen vielmehr weitere Sparpakete. Zudem stehen die Regierungen im Verdacht, die Brandstifter zu sein. Schließlich haben sie durch neoliberale Politik die Krise verursacht. Welche Ziele verfolgen sie bei der Brandbekämpfung? Sehen wir uns die einzelnen Löschmaßnahmen genauer an.

1. Liquiditätsspritzen der Notenbanken

Die Krise erfasste rasch die gesamte Bankenwelt, weil die Banken einander wechselseitig Kredite leihen und auf den Derivatemärkten gegeneinander wetten und somit stark voneinander abhängen. Die Banken sind insbesondere auf kurzfristige Kredite voneinander angewiesen, um ihre langfristigen Ausleihungen günstig refinanzieren zu können. Nach dem Platzen der Subprime-Blase verdächtigten sie sich gegenseitig, gleich viele oder noch mehr Subprime-Leichen im Keller zu haben als man selbst. Deshalb borgten sie einander kein Geld mehr, das Vertrauen zwischen den Banken brach zusammen. Der Todesstoß für den Interbankenmarkt war das Fallenlassen von Lehman

Brothers: Wenn es die renommierte Bank erwischen konnte, war niemand mehr gefeit. Der Zinssatz für Interbankenkredite, der Libor, verdoppelte sich an einem einzigen Tag von 3,11 auf 6,44 Prozent.[33] Geldleihen war urplötzlich sauteuer, der Kreditfluss kam zum Stillstand.

Die wiederholten zwei- und dreistelligen Milliardenzufuhren der Notenbanken ermöglichten den Banken, ihre fälligen kurzfristigen Kredite zu tilgen, und bewahrten sie vor dem Bankrott. Allerdings brachten die Flutungen der Zentralbank den Kreditfluss zwischen den Banken nicht wieder in Gang. Sie legten stattdessen dieses Geld bei der Notenbank an. Anfang 2009 saß die EZB auf einem Rekord-Einlagenberg von 315 Milliarden Euro statt der üblichen fünfzehn Milliarden.[34] Was die Zentralbank als Gelddeponie zusätzlich attraktiv machte: Sie zahlte bis Januar 2009 auf die Einlagen zwei Prozent Zinsen. Gleich gut könnten Mülldeponiebetreiber die Recyclingbetriebe dafür belohnen, dass sie ihre Altwaren ablieferten, anstatt diese zu zerlegen und in den Stoffkreislauf rückzuspeisen.

Der Umstand, dass die Geschäftsbanken das Geld nicht weiterverliehen, sondern bei den Notenbanken anlegten, brachte diese auf die Idee, das Geld gleich selbst an große Unternehmen zu verborgen und deren Anleihen zu kaufen. Die Fed ging voraus, die EZB folgte wenig später. Angesichts dieser neuen Rolle der Zentralbanken fragt man sich, wozu es überhaupt Geschäftsbanken braucht. Wenn öffentliche Banken Kredite vergeben und auch keinen Vertrauensverlust erleiden können, wieso dann überhaupt private Geschäftsbanken, die immer wieder in schwere Krisen stürzen?

Wenigstens eine verbreitete Sorge kann als Mythos entlarvt werden: Die milliardenschweren Geldspritzen der Notenbank sind kein Steuergeld. Es ist geschaffenes, also von der Zentralbank in ihrer Funktion als volkswirtschaftliche Geldquelle geschöpftes Geld, das von den Geschäftsbanken nach kurzer Frist, nach wenigen Monaten, Wochen oder oft sogar nach nur einem

Tag zurückbezahlt und wieder vernichtet wird. Dadurch erhöht sich – über den Zyklus betrachtet – nicht einmal die umlaufende Geldmenge, weshalb das Hineinpumpen von Milliarden auch nicht zur befürchteten Inflation führt; das Geld wird wieder abgesaugt. (Auch eine höhere Geldmenge führt noch nicht zwingend zu höherer Inflation, sondern erst wenn sie zu einem höheren Kreditvolumen und dieses zu einem Ansteigen der realen Nachfrage nach Produkten und Dienstleistungen führt.) Der Finanzjournalist Rainer Sommer fand durch einfaches Nachsehen auf der Website der EZB heraus, dass die 350-Milliarden-Euro-»Liquiditätsschwemme« der EZB am 19. Dezember 2007 gar keine Flutung war, weil in derselben Woche sogar um drei Milliarden Euro mehr von den Banken zurückgezahlt wurden: Die Geldmenge verringerte sich sogar.[35]

2. Sicherung der Spareinlagen

Wie instabil das moderne Geld- und Kreditsystem ist, zeigt die weitverbreitete und im Unterbewussten stark präsente Angst vor einem Run auf die Banken. Droht ein Dominoeffekt infolge der engen Vernetzung der Privatbanken, also dass ein insolventes Institut das nächste niederreißt, dann kam es in der Geschichte immer wieder zum Sturm auf die Banken. Die Kunden und Kundinnen wollen ihr Geld abheben, bevor es weg ist. Bei normalem Geschäftsgang können Banken jederzeit problemlos einen Bruchteil der Spareinlagen ausbezahlen, nie aber alle, weil ihre Bargeldreserven nur einen Bruchteil der Spareinlagen und vergebenen Kredite, des Buchgeldes, ausmachen. Jede Bank wäre in kürzester Zeit zahlungsunfähig, wenn alle KundInnen oder GläubigerInnen ihr Geld gleichzeitig abheben beziehungsweise zurückfordern würden.

Bei Northern Rock war es im September 2008 so weit. Erstmals seit 140 Jahren wurde eine britische Bank gestürmt. Nach dem Zusammenbruch von Lehman Brothers, AIG, Deixa und anderen Instituten drohte der Run zu einem globalen Bankensturm anzuwachsen. Auf diese Gefahr reagierten die Regierungen richtig, indem sie die Spareinlagen garantierten. Die Garantien waren zunächst realistisch, aber begrenzt, was die SparerInnen nicht restlos beruhigte; deshalb erhöhten die meisten Staaten auf eine unbegrenzte, wenn auch möglicherweise nicht realistische Sicherung aller Spareinlagen. Der Beruhigungseffekt wirkte, der Run auf die Banken konnte gestoppt werden.

Doch je länger die staatliche Garantie aufrechterhalten wird, desto drängender stellt sich auch hier die Frage: Wenn letztlich der Staat mit seiner im Vergleich zu jeder Privatbank schier unbegrenzten Verschuldungsfähigkeit für die Spareinlagen garantiert, warum dann überhaupt private Geschäftsbanken? Warum haben wir dann nicht gleich alle bei einer öffentlichen Bank unser Konto mit der Sicherheit, dass diese Bank nicht krachen kann?

3. Bankenrettungspakete

Merkwürdig, die gleichen Staaten, die in den vergangenen Jahren um die Wette gespart, Kosten gesenkt und Sozialleistungen gestrichen haben, die scheinbar keine Euros für Bildung, Gesundheit oder Renten zusammenkratzen konnten, den Sozialneid auf die Schwächsten richteten und ihnen gerade einmal 345 Euro (Hartz IV) gönnen, beginnen über Nacht milliardenschwere Füllhörner über die Banken auszuschütten. Ein historischer Geldregen geht auf die Kolosse nieder, die in den letzten zwanzig Jahren herangezüchtet worden sind, um wettbewerbsfähige Player im EU-Binnen- und auf dem Weltmarkt zu schaffen.

»Bankenschirm« (Deutschland) und »Rettungspaket« (Österreich) sind in der aktuellen Situation der nötige Biss in den sauren Apfel: Würden die Banken fallengelassen, würde in einem Dominoeffekt die gesamte Branche kollabieren, und das wäre das totale Aus für die Wirtschaft. Die Insolvenz von Lehman Brothers hat einen Vorgeschmack auf eine solche Kettenreaktion gegeben. Daher ist es richtig, dass die Regierungen versuchen, den Effekt zu stoppen. Nur wie? Angesichts der astronomischen Summen – USA: 700 Milliarden, Deutschland: 500 Milliarden, Österreich: 100 Milliarden, Schweiz: 46 Milliarden, Osteuropa: vielleicht weitere 150 Milliarden – bräuchte es eine intensive demokratische Debatte über die Art der Rettung und über die zielgenaue Verwendung der Gelder. Beides ist bisher fast vollständig ausgeblieben, weil sich die Gesellschaft offenbar im Schockzustand befindet. Naomi Kleins These von der »Schock-Strategie« passt zum Finanzkrach noch viel besser als zum Tsunami. Vor zwei Jahren wäre jede Regierung mit verbalen Knüppeln aus dem Amt gejagt worden, die 500 Milliarden Euro für egal was in die Hand genommen hätte. Jetzt werden diese Gelder verteilt, als handle es sich um die Portokassa der Regierung. Den Bankenpaketen fehlt es an demokratischer Diskussion und Kontrolle. Das globalisierungskritische Netzwerk Attac[36] hat fünf Bedingungen für das Bankenpaket formuliert:

Transparenz

Für jede einzelne Bank muss umfassend und verständlich begründet werden, warum sie in den Genuss von staatlicher Refinanzierung (Eigenkapitalzuschuss), Haftung (für Anleihen) oder sonstige Begünstigungen kommt. Es muss erklärt werden, warum die gewählte Rettung durch den Staat die beste aller Optionen ist, warum alle anderen Alternativen schlechter sind und was im Nichtfalle der staatlichen Hilfe – bei Zulassung der Marktgesetze – passieren würde. Zudem muss offengelegt werden, wieso die jeweilige Bank in die Bredouille kam und warum sie überhaupt so groß werden konnte (und durfte), dass sie nun nicht bankrottgehen darf. Dieses Regulierungs- und Marktversagen, dass zahlreiche Institute unter Beobachtung der Kartellwächter und Marktaufseher systemrelevante Größe annehmen konnten, muss aufgearbeitet und geahndet werden.

Sparkurs: Beschränkung bei Gehältern, Boni und Dividenden

Banken, die Steuergeld in Anspruch nehmen, müssen sofort auf einen rigiden Sparkurs gebracht werden. Weder dürfen die Eigentümer mit Dividenden verwöhnt werden noch die Manager mit Millionengehältern und zusätzlichen Boni. Während die Managergehälter im deutschen und im US-Bankenpaket auf 500 000 Euro begrenzt werden, dürfen die österreichischen und Schweizer Bankmanager auch unter staatlicher Stützung weiterhin Millionen verdienen.[37] Auch bei der fortdauernden Gewinnausschüttung an die Aktionäre zeigt sich die österreichische Regierung überaus großzügig. Bis zu dreißig Prozent des – mit Steuergeld ermöglichten – Gewinns sollen weiterhin an die Aktienbesitzer ausgeschüttet werden. Die EU-Kommission findet an diesen Transferleistungen prinzipiell nichts Schlechtes, sie meint nur, dass auch 17,5 Prozent des Gewinns für die Eigentümer reichen müssten.[38] Merkwürdig: Vor 150 Jahren noch hafteten die Aktionäre mit ihrem gesamten Hab und Gut im Falle eines Bankrotts einer Aktiengesellschaft. Heute haftet der Staat für die Aktionäre. Auch das ist Kapitalismus: Das Risiko der Reichen sinkt, je mächtiger sie werden. Wozu aber noch Aktiengesellschaften, wenn die Aktionäre das Risiko gar nicht mehr selbst tragen?

Wie weit die Kluft zwischen Verantwortung und Bezahlung in der Krise auseinanderklafft, zeigt die Wall Street. An die 170 000 Beschäftigten wurden für 2008 Jahresprämien von insgesamt 18,4 Milliarden Dollar ausgeschüttet. Das ist die sechsthöchste Summe aller Zeiten.[39] Auch bei der Schweizer UBS scheint der Zusammenhang zwischen Führungsverantwortung und Bezahlung verlorengegangen zu sein. Die Bank schloss das

Jahr 2008 mit einem Rekordverlust von 19,7 Milliarden Franken ab. Trotz staatlicher 46-Milliarden-Hilfe durfte sie 2009 Boni im Ausmaß von 2,2 Milliarden Franken auszahlen.[40] Die Investmentbanker der Dresdner Bank wollen ihre Boni über 400 Millionen Euro sogar gerichtlich einklagen, obwohl die Bank einen Verlust von 2,5 Milliarden Euro produziert hat.[41] Beim US-Versicherungsriesen AIG erhielten 400 Manager, nachdem der Koloss mit 170 Milliarden US-Dollar Steuergeld gerettet worden war, 165 Millionen Euro an Boni, was zu heller öffentlicher Empörung und einer Teilrückzahlung führte.[42] Der Markt, der angeblich Leistung und persönliche Verantwortung fördert, versagt hier offenbar ganz fundamental.

Öffentliche Mitsprache

Schenkt oder borgt der Staat den Banken die Milliarden ohne Auflagen für die Geschäftspolitik, haben diese keinen Anreiz, ihre spekulativen Geschäfte einzustellen, im Gegenteil: Sie können noch dreister weiterspekulieren als bisher, weil ihnen der Staat beim nächsten Mal ohnehin wieder verlässlich den Schirm aufspannt. Das ist absurd und provoziert geradezu den »moral hazard«, fahrlässiges und gemeingefährliches Risikoverhalten. Gerettete Banken müssten die Unternehmenspolitik umgehend ändern: Aufnahme aller Geschäfte in die Bilanz, Auflösung aller riskanten Derivate-Verträge, Unterlassung spekulativer Abenteuer, Schließung aller Niederlassungen in Steueroasen. Das ist der nächste Skandal: Fast jede renommierte Bank ist in einer oder mehreren Steueroasen vertreten. Die Deutsche Bank, die Dresdner Bank, die Bayerische Landesbank, die Erste Bank, die Bank Austria (bis vor kurzem), die Westdeutsche Landesbank, die Hypo Alpe Adria und viele andere operieren auf den Cayman Islands; die HSH Nordbank und die österreichische Raiffeisenbank jonglieren auf Jersey mit Geld.[43] In diesen Steuerparadiesen umgehen die Banken Regulierungen, drücken sich vor der eigenen Steuerpflicht und helfen auch vermögenden Kunden, ihre Millionen oder Milliarden vor dem Fiskus zu verstecken: Sie leisten aktive Beihilfe zur Steuerhinterziehung. Die Rettung der Banken mit Steuergeldern müsste zumindest an die Bedingung geknüpft sein, dass sie ihre Niederlassungen in Steuerparadiesen schließen. (Die Schweizer Nationalbank wollte sogar die Rettungsgesellschaft für die UBS auf den Caymans errichten ...)

Während das deutsche Bankenpaket den Ansatz einer Mitsprache vorsieht – in den Aufsichtsrat der Commerzbank zogen Anfang 2009 zwei Staatsvertreter ein –, verzichteten Österreich und die Schweiz vollständig auf öffentliche Mitsprache. Offenbar ist die Eigentümerverantwortung für sie ein Fremdwort. Der wichtigste Grund für den Verzicht auf Mitsprache des Staates ist, dass diese den Banken nicht schmeckt: »Das hätte signalisiert, dass wir auf staatliche Hilfe angewiesen sind. Das ist aber nicht der Fall«, verbittet sich Raiffeisen-Chef Christian Konrad jede Einmischung des Staates, nachdem er 1,75 Milliarden erhalten hat.[44] »Wenn der Eindruck entstünde, der Staat würde bei uns hineinregieren, dann würde kein Mensch mehr unsere Aktien kaufen«, begründet Erste-Bank-Chef Andreas Treichl, dass auch er nur das Geld der Steuerzahler will, aber nicht deren Mitbestimmung.[45] Es ist ein trauriger Befund über den Zustand der Demokratie, dass die Meinung der vom Staat geretteten Bankenchefs gleich zur Staatsmeinung geworden ist.

Gründung einer öffentlichen Bankenholding

Nach einer bestimmten Frist, zum Beispiel Anfang 2010, sollten Banken, die noch immer auf öffentliche Stützung angewiesen und »too big to fail« sind, in öffentliches Eigentum übergehen. Der Sohn des berühmten US-Ökonomen John Kenneth Galbraith, James Galbraith, meinte lapidar: Wenn ein demokratisches Gemeinwesen zu dem Schluss komme, dass eine Bank

»unersetzlich« sei, »dann wird es höchste Zeit, diese Banker für die Allgemeinheit arbeiten zu lassen und nicht die Allgemeinheit für diese Bank«.[46] Dafür sollten die Staaten öffentliche Bankenholdings aufbauen, welche bankrotte oder schwer angeschlagene Institute übernehmen und in »Demokratische Banken« umwandeln.

Demokratische Bank (»Good Banks« statt »Bad Banks«)

Die Krisenkreativität des Staates zeigt, wie logisch öffentliche Banken sind: Wenn die Zentralbanken liquides Geld haben und private Banken nicht; wenn Staat und Zentralbanken in der Krise Kredite verleihen und private Banken nicht; wenn Zentralbanken den Zins für diese Kredite niedrig halten und private Banken nicht – warum dann nicht gleich ein öffentliches Bankensystem, das nicht nach Angebot und Nachfrage funktioniert und regelmäßig in der Systemkrise endet, sondern zentrale *volkswirtschaftliche* Ziele verfolgt? Die »Demokratische Bank« würde folgende Ziele umsetzen:
- das Recht aller StaatsbürgerInnen auf ein kostenloses Girokonto
- sichere Sparkonten mit staatlicher Einlagegarantie
- kostengünstige und unbürokratische Kreditvergabe an investitionswillige Unternehmen
- kostengünstige und servicefreundliche Abwicklung aller Bankdienstleistungen in einem flächendeckenden Filialnetz
- kostengünstige Kredite an den Staat
- Kreditnehmer würden neben der ökonomischen Bonitätsprüfung zusätzlich auf soziale und ökologische Kriterien geprüft werden (»ökosoziales Basel III«)
- Transparenz bei allen Geschäftsvorgängen, um Vertrauen in die »Demokratische Bank« zu schaffen

»Demokratische Banken« sind durch das Gesetz verpflichtet, dem Gemeinwohl zu dienen und keine hohen Risiken einzugehen. Sie lassen die Finger von Aktien, Fonds und Derivaten. Sie kooperieren nicht mit Steueroasen und hüten kein Bankgeheimnis, um die Steuermoral nicht zu untergraben. Mit den Einnahmen decken sie ihre Kosten, Gewinn ist nicht ihr Ziel.

Wichtiger Unterschied zu traditionellen Staatsbanken: »Demokratische Banken« sind von der Regierung unabhängig. Ihre Leitungsgremien werden entweder durch unabhängige Bestellverfahren oder auf demokratische Weise ermittelt: mittels direkter Wahl oder Wahl durch einen Bankenrat, der sich aus den Beschäftigten, den SparkundInnen, den KreditnehmerInnen und anderen betroffenen Gruppen zusammensetzt. Die gewählten Mandatare sind dem Souverän Rechenschaft schuldig und können jederzeit abgewählt werden.

Öffentliche Banken laufen weder Gefahr, sich in einer allgemeinen Vertrauenskrise nicht mehr refinanzieren zu können – sie werden notfalls von der Zentralbank refinanziert, müssen aber gleichzeitig strenge Kredtivergabe- und Eigenkapitalregeln einhalten –, noch müssen sie sich bei ihrer Zinsfestlegung am Markt orientieren: Den Markt gäbe es nicht, die Zinshöhe könnte – endlich – demokratisch festgelegt werden.

Die Vorstellungen der Krisenversursacher sind andere. Sie wollen ihren gesammelten Giftmüll in »Schlechte Banken« (»Bad Banks«) einbringen, in riesige Sammeltonnen für Giftmüll, und Papa Staat soll das toxische Süppchen brav auslöffeln. Einer der Ersten, die nach öffentlichen »Bad Banks« riefen, war Deutsche-Bank-Chef Josef Ackermann. Sein Argument: Wenn die Steuerzahler den privaten Banken ihren Giftmüll abkaufen, dann würde das Vertrauen zwischen den Banken im Nu wiederhergestellt und der Kreditfluss in Gang kommen. Doch erstens ist dies zumindest fraglich. Infolge der Rezession faulen immer neue Kredite nach, weshalb die Solvenz der Banken nach der Entgiftung keineswegs garantiert ist. Zweitens wäre die Vergesellschaftung der Verluste eine glatte Einladung an die Banken, mit ihren riskanten und spekulativen Geschäften fortzufahren, da im Ernstfall ohnehin die rettende Hand der SteuerzahlerInnen wartet. So viel Bankensozialversicherung durch die Allgemeinheit darf einfach nicht sein.

Ein weiteres Problem der »Bad Bank« wäre, dass es keine objektive Bewertung des Giftmülls gibt, die Schätzungen für die gesamte Giftmüllmenge schwanken allein für Deutschland zwischen 150 und 830 Milliarden Euro.[47] Schon aus reinen Kostenüberlegungen fordert der Kolumnist Lucas Zeise die Totalverstaatlichung des Bankensektors in Deutschland. Der Kauf der angeschlagenen Institute käme dem Staat weitaus günstiger als das wiederholte Nachpumpen von Milliardenbeträgen, deren Verbleib und Wirkung ungewiss seien. Oder das Abgeben von Garantien für die »Bad Banks«, welche im schlimmsten Fall zur Gänze schlagend werden.

Der finanzpolitische Sprecher der Linken, Axel Troost, fordert: »Jeder Cent Steuergeld, der in die Rettung systemrelevanter Banken fließt, muss eins zu eins in eine Aktienbeteiligung der Steuerzahler an den Banken übersetzt werden. Das liefe bei den meisten Banken auf eine Verstaatlichung hinaus.«[48] Auch die führenden Wirtschaftsinstitute Deutschlands, Österreichs und der Schweiz schwenkten auf diesen Kurs ein: »Verstaatlichung sollte erwogen werden, denn sie stellt ein geringeres Übel dar als das weitere Andauern der Schwierigkeiten«, heißt es im Frühjahrsgutachten 2009. Die »Bad Bank« ist schlicht eine »Bad Idea«, meint Gerald Epstein von der University of Massachusetts.[49] Auch Elmar Altvater und Harald Schumann argumentierten im *Freitag* und im *Tagesspiegel* gegen die »Bad Bank«. Hingegen hält der Finanzmarktexperte des österreichischen Wirtschaftsforschungsinstituts, Franz Hahn, die »Bad Bank« für »sehr sinnvoll«[50] und der Chef des Internationalen Währungsfonds, Dominique Strauss-Kahn, für die »einfachste Lösung«.[51] Der *ehemalige* Chefökonom des IWF, Simon Johnson, ist anderer Ansicht: »Die Regierung muss die Banken zwingen, die Dimension ihrer Probleme zuzugeben. Der direkteste Weg dazu ist Verstaatlichung.«[52]

4. Zinssenkungen

Um die Kreditvergabe der Geschäftsbanken an die Unternehmen wieder in Gang zu bringen, haben die Notenbanken – zusätzlich zu den Milliardenspritzen – den Leitzinssatz gesenkt, an dem sich alle Marktzinssätze orientieren. Die Bank of England senkte den Zinssatz von 5,75 Prozent Ende 2007 mit 1,5 Prozent Anfang 2009 auf den niedrigsten Stand seit ihrer Gründung 1694, und dann noch weiter auf 0,5 Prozent Anfang März 2009.[53] Die US-Notenbank senkte den Leitzins Ende 2008 sogar auf 0 – 0,25 Prozent, ein Wert, auf dem sich Japan schon seit Jahren befindet, seit kurzem auch die Schweiz. Tiefer geht es nicht, sonst müsste sie den Banken noch etwas draufzahlen, wenn diese Geld von der Fed annähmen. Doch auch die Zinssenkungen bringen die Kreditvergabe nicht wieder in Schwung: Die Eurozone-Banken verlangten Anfang 2009 für einen durchschnittlichen Unternehmenskredit vier bis fünf Prozent Zinsen, während sie selbst nur ein Prozent für frisches Geld bei der Zentralbank zahlen müssen. »Die EZB-Zinssenkungen kommen nicht an«, kommentiert OeNB-Präsident Claus Raidl: »Normalerweise regelt das der Markt, doch diesmal funktioniert er nicht.«[54]

Öffentliche Banken hätten den großen Vorteil, dass sie nicht vom Geldmarkt abhängig, sondern Teil des öffentlichen Bankensystems wären. Sie könnten anstelle von Zinsen nur noch kostendeckende Kreditgebühren verlangen – für die öffentliche Dienstleistung der Geldvermittlung. Da sie keine Gewinne an Aktienbesitzer ausschütten müssen, können sie die Kosten dramatisch senken – wir erinnern uns an die 25 Prozent Rendite auf das Eigenkapital, die Josef Ackermann regelmäßig für die Eigentümer der Banken abzweigt: Der Renditehunger der Mächtigen muss als Erstes gestillt werden.

Unabhängig von der Frage, ob es einen privaten Geldmarkt und private Banken oder ein öffentliches Banken- und Geldsystem gibt, gilt: Die Geldpolitik, die über die Höhe des Leitzinssatzes entscheidet, wirkt wie ein Bremsseil: Man kann daran nur ziehen – um die Konjunktur zu bremsen (hohe Zinsen verteuern Kredite und attraktivieren das Sparen gegenüber dem Konsum) –, aber nicht stoßen. Wenn die Unternehmen und KonsumentInnen aufgrund der allgemeinen Flaute nicht in Kauflaune sind, nützen auch niedrige Zinsen nichts. Deshalb liegen im wirtschaftspolitischen Instrumentenkasten nicht nur Zügel (Geldpolitik), sondern auch eine Peitsche: Fiskalpolitik.

5. Konjunkturpakete

Merkwürdig: Obwohl alle europäischen Volkswirtschaften in den letzten Jahren real reicher geworden sind, wird bei den meisten öffentlichen Leistungen gekürzt und gespart. Egal, ob Bildung, Gesundheit, Kitas oder öffentlicher Verkehr, stets hieß es »kein Geld«. Anstatt den Wirtschaftskarren mit Investitionen anzukurbeln, wurde er ausgebremst. Aus einem einzigen Grund: Öffentliche Investitionen in die soziale Sicherheit und ökologische Modernisierung hätten höhere Steuern bedeutet – und das schmeckt den Reichen und Mächtigen, den Banken und Versicherungen, den Industriekapitänen und den Schutzheiligen des Standorts nicht. Also sparen. Ein Ohrwurm.

Und plötzlich geht es doch. Beinahe über Nacht werden weltweit milliardenschwere Wirtschaftsankurbelungsprogramme geschnürt. Das ist gut so. Denn jeder Euro, der jetzt in die Ankurbelung der Wirtschaft gesteckt wird, federt die Rezession etwas ab. »Keynes ist der beste Führer durch die Krise«, meinte US-Starökonom Paul Krugman.[55] So wenig das Ankurbeln grundsätzlich in Frage zu stellen ist, über Zeitpunkt, Umfang und Lenkungswirkung lässt sich trefflich streiten.

Erstens: Die Pakete kommen zu spät. Die meisten Staaten haben der Finanzkrise wie einem Naturschauspiel tatenlos zugegafft, so als könnten sie gar nichts tun, als seien sie nicht zuständig. Zweitens: Erst nach einer langen Schockphase fingen sie an, im Vergleich zu den Bankenpaketen erbärmliche Kleckerbeträge zusammenzukratzen. Im November 2008 hatte Deutschland den Bagatellbetrag von dreizehn Milliarden Euro aufgestellt – 0,4 Prozent des BIP –, bei einem Bankenschirm von 500 Milliarden. Anfang 2009 folgte Konjunkturpaket II mit immerhin fünfzig Milliarden, das sind zwei Prozent des BIP. Doch wenn die Rezession sechs Prozent und mehr ausmacht, dann braucht es auch mindestens sechs Prozent des BIP, um eine katastrophale Bruchlandung zu verhindern. Paul Krugman empfiehlt der EU vier Prozent[56], der Wiener Finanzmarktexperte Stephan Schulmeister sogar sechs Prozent, woraufhin er umgehend von der Industriellenvereinigung Prügel einstecken musste.[57]

Die dritte und entscheidende Frage lautet, was finanziert werden soll. Das Verschrotten von Autos? Kampfflugzeuge? Atomkraftwerke? In der Konjunkturpaketfrage kommt das ganze Dilemma des kapitalistischen Wachstumsmodells zum Vorschein: Soll der Staat jene Branchen pushen, die uns dem ökologischen Kollaps (oder dem Krieg) näher bringen? Oder soll er seine Milliardenkraft für die überfällige ökologische Wende nützen? Das Problem in dieser Schicksalsstunde: Wenn über Nacht Milliarden zu verteilen sind, dann ist die Vernunft nicht so blitzartig mitgediehen, so dass nun die überlebensnotwendigen Wirtschaftsbereiche, die in den letzten Jahren ausgehungert wurden, aus den staatlichen Füllhörnern übergossen würden. Es nützt auch wenig, wenn EU-Industriekommissar Günter Verheugen, der bis vor kurzem noch gegen gesetzliche Limits für den CO_2-Ausstoß lobbyiert hatte, plötzlich sagt: »Die Zukunft der Kfz wird grün sein, oder sie wird nicht sein«[58] – wenn die Konjunkturpakete insgesamt kaum ökologische Lenkungswirkung entfalten. Der Grün-Anteil des deutschen Konjunkturpakets liegt bei dreizehn Prozent, im Welt-Durchschnitt sind es sechzehn Prozent. 85 Prozent gehen in den gewohnten fossil-industriellen Wahnsinn.[59] Welche Bereiche könnten ökologische Konjunkturmilliarden gut und gerne gebrauchen?

- *Ausbau des Bahnnetzes.* Die EU könnte ein kontinentweites Bahnnetz schaffen, das alle Ortschaften über 1000 BewohnerInnen verbindet und frei oder gegen einen geringen Kostenbeitrag benützbar ist. Dieses Netz sollte so attraktiv sein, dass kaum noch jemand das Privatauto in Betracht zieht. Die deutsche Bundesregierung kleckert: In den nächsten drei Jahren sollen 300 Millionen Euro in die Sanierung von 1500 der 4200 Bahnhöfe fließen: peanuts![60]
- *Verkehrsberuhigung.* Eine Studie der Technischen Universität Wien hat ans Tageslicht gebracht, dass Investitionen in Bahn-Ausbau, Radwege und Verkehrsberuhigung um ein Vielfaches mehr Arbeitsplätze schaffen als der Autobahnbau: Von den Ausgaben für einen Kilometer Autobahn fließen 6,9 Prozent in Löhne; bei Innerortsstraßen sind es schon 38 Prozent, bei Fußgängerzonen 48,2 und bei Radwegen und verkehrsberuhigenden Maßnahmen sechzig Prozent.[61]
- *Thermische Gebäudesanierung.* Eine GfK-Studie hat für Österreich ergeben, dass für die thermische Sanierung von Gebäuden, was ihren Heizbedarf senken würde, derzeit 538 Millionen Euro pro Jahr lockergemacht werden. Es bräuchte jedoch 4,3 Milliarden, um die zwischen 1945 und 1980 errichteten Bauten in den nächsten zehn Jahren zu sanieren.[62]
- *Umstellung der Landwirtschaft.* Zehntausende Landwirte stellen nicht auf Bio um, weil der Stallumbau zu teuer kommt. Die öffentlichen Förderungen sollten progressiv an ökologische Maßnahmen und an den Faktor Arbeit gekoppelt werden, um extensive und umweltfreundliche Landbaumethoden rentabel zu machen.
- *Bildung, Gesundheit, Pflege.* In diesen Zukunfts-, Regenerations- und Auffangräumen der Gesellschaft braucht es dringend öffentliche Investitionen und mehr Personal. LehrerInnen und Krankenhauspersonal sind massiv von Burnout betroffen, überall mangelt es an menschenwürdigen dezentralen Pflegeeinrichtungen.

Zusammen könnten in diesen Bereichen Millionen sozial wie ökologisch sinnvoller Arbeitsplätze geschaffen werden, welche die Regierungen aber verweigern, weil sie lieber die Reichen vor neuen Steuern schützen. Dabei verschanzen sie sich hinter ideologischen Argumenten: »Der Staat hat nie Arbeitsplätze geschaffen, er hat nie eine Ökonomie aus der Krise geführt«, behauptet der Chef der österreichischen Industriellenvereinigung Veit Sorger im gleichen Interview, in dem er staatliche Hilfen für die krisengeschüttelte Industrie fordert.[63] »Politiker schaffen keine Jobs«, sekundiert Günter Verheugen.[64] Hat er schon einmal einer Lehrerin die Hand geschüttelt? Oder einem Krankenpfleger in einem öffentlichen Spital? Einer Richterin oder einem Staatsanwalt? Sich selbst?

Die Geisteshaltung der Privatisierer, Liberalisierer und Bankenretter zeigt deutlich: Der Staat wurde gekapert von einer ökonomischen Elite, die ihre eigenen Interessen bedient. Dabei geht die Demokratie zugrunde. Analytisch hatte schon Marx erkannt, dass die ökonomischen Verhältnisse die Rechtsverhältnisse bestimmen und der Kapitalismus mehr eine Gesellschaftsordnung als eine Wirtschaftsform ist – die sich mit der Demokratie nicht verträgt.

6. Kommt der Staatsbankrott?

Zum Grauen der Verheugens, Schüssels und Sorgers droht der Staat nun zum größten Arbeitgeber in der Geschichte des Kapitalismus zu werden. Um Staatshilfe oder gleich Verstaatlichung stellen sich nicht nur Banken an, sondern bereits 1100 Industrieunternehmen (Mai 2009). Viele Menschen fragen sich: Wenn die Haftungsübernahmen der Staaten zur Gänze schlagend würden, könnten die Staaten dann bankrottgehen? Ganz so schnell geht es, wie man angesichts der astronomischen Summen – Deutschland: 500 Milliarden; Österreich: 100 Milliarden – meinen könnte, nicht. Denn Deutschland stand schon vor der

Krise mit 1,5 Billionen Euro in der Kreide, eine halbe Billion mehr macht das Kraut nicht wesentlich fetter. In Österreich ist die Lage etwas dramatischer: Die Aufstockung der Staatsschuld von 150 auf 250 Milliarden würde einen Anstieg von ungefähr sechzig auf hundert Prozent des BIP bedeuten. Doch umbringen muss auch das den Staat noch nicht, Italien hat Verbindlichkeiten von nahezu 110 Prozent und Japan sogar von 180 Prozent seiner Wirtschaftsleistung – und beide leben noch. Auch die USA wiesen nach dem Zweiten Weltkrieg eine Schuldenquote von 122 Prozent des BIP auf[65], ein Stand, an den sie selbst dann nicht herankämen, wenn jene 9,7 Billionen Euro an staatlichen Hilfen und Garantien schlagend würden, die Bloomberg Anfang 2009 addierte.[66]

Allerdings wurden die historischen Schuldengebirge Schritt für Schritt aufgebaut und nicht auf einen Schlag. Ein plötzlicher Verschuldungsschock könnte zur dramatischen Herabstufung der Bonität des Staates führen und zu einem starken Anstieg der Zinsen auf neu ausgegebene Staatsanleihen. (Eine neuerliche Absurdität freier Finanzmärkte: Regierungen werden von den Märkten dafür bestraft, dass sie die Krise ausbaden, welche die Märkte angerichtet haben.) Das brächte die Staaten zwar auch noch nicht zwingend dem Bankrott näher, aber der Unfähigkeit sich weiter zu verschulden. Die für 2009 und 2010 erwarteten Megadefizite Großbritanniens und Irlands könnten dazu führen, dass ihre Anleihen gar nicht mehr gezeichnet werden. In Großbritannien wurde Anfang 2009 eine Auktion von Staatsanleihen nicht untergebracht, selbst bei deutschen Staatsanleihen misslangen zwei Auktionen. Um seine Leistungen nicht einschränken (und die Banken nicht fallenlassen) zu müssen, bestünde der nächste Ausweg im Anwerfen der Notenpresse. In moderater Form setzen die USA dieses Mittel bereits ein: Die Fed druckte Anfang 2009 eine Billion US-Dollar zusätzlich, um damit Giftmüll und Staatsanleihen zu kaufen (was die Bilanzsumme der Fed mächtig aufblähte). Mit der Erhöhung der Geldmenge droht natürlich Inflation. Eine kontrollierte Inflation des US-Dollars käme den USA jedoch gelegen, weil sie dadurch entschuldet würden und die Krisenlast auf die ganze Welt überwälzen könnten. Der Schuss kann allerdings auch nach hinten losgehen, wenn aus der dosierten Abwertung ein inflationärer Galopp wird, wie in der Zwischenkriegszeit. Dann wäre die letzte Notbremse eine Währungsreform: Das alte Geld gilt nicht mehr, die Schulden sind getilgt, jedoch auch die Finanzvermögen vernichtet.

Derzeit steht uns jedoch Deflation ins Haus: Wenn keiner mehr investiert und niemand mehr kauft, beginnen die Preise zu fallen. In Spanien, Irland und Portugal war es im März 2009 schon so weit. Aus der Deflationsfalle gibt es praktisch keinen Ausgang, das lässt sich in Japan seit Anfang der 1990er Jahre beobachten. Deshalb wäre ein wohldosiertes Anwerfen der Notenpresse vielleicht sogar eine gute Lösung: um Deflation zu vermeiden. Sobald die Konjunktur wieder anspringt, müsste allerdings mit hohen Zinsen und einer Verringerung der Geldmenge eine hochschnellende Inflation verhindert werden: ein waghalsiges Experiment, von dem niemand weiß, ob es glückt.

Bleibt also nur die Wahl zwischen Deflation, Hyperinflation, Staatsbankrott und Währungsreform? Eine allerletzte Alternative sollten wir zumindest noch andenken.

7. Rückzahlung der Rettungskosten

Ein demokratisches Gemeinwesen sollte stets alle vorhandenen Möglichkeiten ausschöpfen. Eine Alternative drängt sich geradezu auf: die Milliarden und Abermilliarden, welche die ökonomischen Eliten sich durch die Instrumentalisierung des Staates in den letzten Jahrzehnten aneignen konnten, progressiv zu besteuern, um die Schuldenlast des Staates und der Allgemeinheit auf ein stabileres und gerechteres Niveau zu reduzieren. Die Verursacher und Profiteure der Krise müssen jetzt zur Kasse gebeten werden, die privaten Vermögen sind in den letzten zwanzig Jahren regelrecht explodiert, die Eigentums- und Einkommensschere ist nicht aufgegangen, sondern aufgerissen:

- Die Vermögen der globalen High Net Worth Individuals (HNWI), das sind Personen mit mindestens einer Million US-Dollar liquidem Anlagevermögen, stiegen zwischen 1996 und 2007 von 16,6 Billionen US-Dollar auf 40,7 Billionen US-Dollar.[67] Der Zuwachs beträgt 24 Billionen US-Dollar. Zum Vergleich: Der Internationale Währungsfonds schätzt die Summe aller krisenbedingten Abschreibungen der Banken weltweit auf vier Billionen US-Dollar: ein Sechstel des Reichtums*zuwachses* der HNWI. Die gesamte Entwicklungshilfe aller OECD-Staaten belief sich zwischen 1995 und 2005 auf 688 Milliarden US-Dollar, weniger als drei Prozent des Mehrvermögens der HNWI.[68]
- Die fünf erfolgreichsten Eigentümer und Manager von Hedge-Fonds verdienten 2006 pro Person durchschnittlich 1,4 Milliarden US-Dollar. 2007 waren es 2,5 Milliarden je Mann und selbst 2008 nochmals 1,6 Milliarden, obwohl in diesem Jahr die Finanzmärkte schon talwärts krachten. Der bestbezahlte Manager aller Zeiten, John Paulson, verbuchte 2007 ein Jahreseinkommen von 3,7 Milliarden US-Dollar.[69]
- Die durchschnittlichen Gehälter der DAX-Vorstände explodierten von durchschnittlich 450 000 Euro 1987 auf 3,3 Millionen Euro im Jahr 2007.[70] Es ist stark anzuzweifeln, dass diese Männer heute achtmal mehr leisten oder Verantwortung tragen als vor zwanzig Jahren.
- Die Gewinnausschüttungen der DAX-Unternehmen erreichten in den Jahren 2007 (23,6 Milliarden Euro), 2008 (28,3 Milliarden) und auch noch 2009 (23,5 Milliarden) historische Höchststände. Zum Vergleich: Zwischen 1990 und 2000 waren es im Schnitt 6,8 Milliarden Euro.[71] In Österreich stieg die Ausschüttungsquote der ATX-Konzerne von 2007 bis 2009 von 24,9 auf 33,7 Prozent: In der Krise braucht es offenbar mehr für die Aktionäre.[72]

- Gleichzeitig stagnieren die Masseneinkommen seit rund zwanzig Jahren, die unteren Schichten mussten in den letzten Jahren teils empfindliche Einkommenseinbußen hinnehmen. In den deutschen Großstädten über 400 000 EinwohnerInnen leben 25 Prozent aller Kinder in Hartz-IV-Haushalten. In Leipzig sind es 36 Prozent, in Berlin 37 Prozent.[73] In Österreich bezogen 2006 doppelt so viele Menschen offene Sozialhilfe wie 1996 (Anstieg von 64 000 auf 131 000 Personen).[74]
- Der Hunger ist selbst in den reichsten Ländern auf dem Vormarsch: In den USA stieg 2008 die Zahl der Personen, die auf staatliche Lebensmittelhilfe angewiesen sind, auf 31,5 Millionen oder 10,3 Prozent der US-Bevölkerung – ein absoluter Rekord seit dem Beginn des Programms vor fünfzig Jahren. In Deutschland geben heute 32 000 ehrenamtliche HelferInnen in über 800 Tafeln gratis Essen an mehr als 700 000 bedürftige Menschen aus. Vor zwanzig Jahren gab es noch keine einzige solche Tafel in Deutschland.[75]

Das politische Projekt, das in die Krise geführt hatte, war ein radikales Umverteilungsprogramm von den Massen und den Schwächeren hin zu den Reichen und Mächtigen. Das hat die Finanzmärkte ruiniert und die Gesellschaft zerrissen. Jetzt muss es in die umgekehrte Richtung gehen. Die Reichen könnten auf drei Ebenen zur Kasse gebeten werden: weltweit, in der EU und in den Nationalstaaten.

1. *Weltebene:* Würden die globalen High Net Worth Individuals mit zwei Prozent besteuert, ergäbe dies ein jährliches Aufkommen von 800 Milliarden US-Dollar, so viel wie die »Mutter aller Konjunkturpakete« in den USA kostet. Konsequent angewandt, ließen sich damit in wenigen Jahren alle Rettungspakete abbezahlen, in weiterer Folge zahlreiche weltpolitische Ziele finanzieren – allen voran die Millenniumsziele der UNO (Halbierung von Armut und Hunger in der Welt bis 2015). Wer ja zur Globalisierung sagt, muss auch ja zur globalen Umverteilung sagen. Sonst ernten die Globalisierungsgewinner auf glo-

baler Ebene die Gewinne und Kapitalerträge ab und drücken sich auf nationalstaatlicher Ebene erfolgreich gegen jede faire Besteuerung, wozu sie aufgrund der Machtverschiebung durch die freie Kapitalmobilität in der Lage sind. Globale Umverteilung und Vermögenssteuern sollten deshalb die Bedingung für den freien Kapitalverkehr und Freihandel sein.

2. Auf *EU-Ebene* könnte eine Finanztransaktionssteuer zu einer sprudelnden Einnahmequelle werden. Eine solche Steuer würde Geschwindigkeit aus den Aktien-, Derivate- und Devisenmärkten nehmen und die Umsätze verringern. Drei ÖkonomInnen vom Österreichischen Institut für Wirtschaftsforschung haben berechnet, dass eine EU-weite Finanztransaktionssteuer in einem mittleren Szenario (Steuersatz von 0,05 Prozent; mäßiger Rückgang des Transaktionsvolumens) jährlich 233 Milliarden Euro einspielen würde[76] – das sind um 100 Milliarden mehr als der aktuelle EU-Haushalt von 133 Milliarden Euro. Zweitens sollte die Besteuerung hoher Finanzvermögen koordiniert werden, um den durch die Integration angefallenen und konzentrierten Reichtum auch EU-weit umzuverteilen, zum Beispiel in Form einer EU-weiten Arbeitslosenversicherung. Drittens müsste die weitere Konzentration dieses Reichtums durch die abgestimmte Besteuerung der Vermögenszuwächse gebremst werden. Die EU-Zinsrichtlinie ist eine wichtige Vorleistung für dieses Ziel: Durch sie werden Vermögenseinkommen an die zuständigen Finanzämter automatisch gemeldet, wodurch sich Steuerflucht über die Grenze nicht mehr lohnt. Allerdings müssen noch wesentliche Schlupflöcher geschlossen werden und alle 27 EU-Mitgliedstaaten mitmachen (bisher sind es 24). Schließlich könnte der Schuldendienst an die privaten Gläubiger der Staaten begrenzt werden: Die Zinsen auf die Staatsschuld sollten eine bestimmte Rate – zum Beispiel die des Wirtschaftswachstums – nicht übersteigen dürfen. Dieses »soziale Konvergenzkriterium« wäre das erste Sparpaket für die Reichen. Bisher wurde stets bei der Allgemeinheit und den Schwachen gespart. Die mögliche Kapital-

flucht aus der EU ließe sich mit Kapitalausfuhrbeschränkungen verhindern. Auf das Ausbleiben von Kapitalzuflüssen kann die EU bequem verzichten: Es ist ohnehin zu viel Kapital da. Würde es in die Investition vor Ort gezwungen, wäre das volkswirtschaftlich nur von Vorteil.

3. *Nationalstaatliche Ebene:* In Deutschland beträgt das Nettovermögen der privaten Haushalte laut Deutschem Institut für Wirtschaftsforschung 6,6 Billionen Euro.[77] Eine einprozentige Steuer würde 66 Milliarden Euro einspielen, 1,5 Prozent Steuer brächten 100 Milliarden pro Jahr. Das entspräche nur dem heutigen Niveau vergleichbarer Staaten: Würde Deutschland seine Vermögenssteuern (0,9 Prozent des BIP) auf das Niveau Frankreichs angleichen (3,5 Prozent), brächte dies zusätzlich 64 Milliarden Euro; bei Angleichung auf das Niveau Großbritanniens (4,6 Prozent) sogar 92 Milliarden Euro.[78] Der »Schirm« wäre nach fünf Jahren ausfinanziert, beziehungsweise könnte die von der Bundesregierung für 2009–2013 veranschlagte krisenbedingte zusätzliche Neuverschuldung von 400 Milliarden Euro vermieden werden.[79] In Österreich brächte eine 1,5-prozentige Steuer auf die zehn reichsten Prozent der Bevölkerung, die rund zwei Drittel des gesamten Vermögens besitzen, jährlich zehn Milliarden Euro. In einem Jahr wäre der Kern des Bankenrettungspakets abbezahlt, das aktuelle Konjunkturpaket in vier Monaten.

Die Vermögenssteuern sollten in den Folgejahren beibehalten und das staatliche Füllhorn zur Abwechslung zugunsten all jener öffentlichen Leistungen ausgeschüttet werden, für die es in den letzten zwanzig Jahren angeblich kein Geld gab: globale Armutsbekämpfung, medizinische Versorgung, Pflege, Bildung, ökologische Mobilität, umweltschonende Agrar- und Energiewende. Die Krise hat gezeigt, dass Geld da ist.

Vernünftige Vermögende in Deutschland haben dies erkannt: 29 Wohlhabende fordern für 2009 und 2010 eine je fünfprozentige Krisenabgabe auf Vermögen über 500 000 Euro. Danach soll die Steuer mit einem Prozent weiterlaufen.[80]

Teil III

Die Finanzmärkte regulieren

Globale Märkte bedürfen einer globalen Regulierung, Kontrolle und Aufsicht. Der schwerste Fehler der Regierungen hat darin bestanden, globale Märkte herzustellen, ohne gleichzeitig für globale Sicherheits-, Stabilitäts- und Umverteilungsregeln zu sorgen. Das war jedoch kein Politikversagen, da die Politik das globale Casino ganz bewusst mit aktiver gesetzgeberischer Tätigkeit hergestellt hat, sondern ein Demokratieversagen: Die Regierungen kümmerten sich nicht um die Interessen und Ziele der Allgemeinheit – volkswirtschaftliche Stabilität, gerechte Verteilung, nachhaltige Entwicklung –, sondern um die Minderheitsinteressen einer gewinnenden Elite.

Technisch liegt auf der Hand, was zu tun wäre, um die globalen Finanzmärkte rückzubauen und zu bändigen. Attac hat eine umfangreiche Liste von Regulierungsvorschlägen ausgearbeitet und damit eine viel wertvollere und bessere Arbeit geleistet als alle Regierungen der westlichen Hemisphäre zusammen.

1. Eine globale Dorf-Konferenz

Am 15. November 2008 trafen sich in Washington Regierungsvertreter der G20, der Gruppe der zwanzig mächtigsten Wirtschaftsnationen, um eine Antwort auf die globale Finanzkrise zu finden. Das ehrgeizige Ziel: die globalen Finanzmärkte mit Regulierungen so weit zu bändigen, dass sich eine Krise wie die gegenwärtige nicht mehr wiederholen kann. Der Prozess war mit starken Hoffnungen verbunden, und die erste Erklärung war auch hochtönend: »Alle Finanzmärkte, Produkte und Teilnehmer« sollten einer Regulierung unterworfen werden. Doch die Regierungen versäumten nicht, ihr Bekenntnis zu Freihandel, freiem Kapitalverkehr und freien Märkten gebetsmühlenhaft zu wiederholen, sie warnten sogar vor »Überregulierung«.[81] Damit war Insidern klar: Der neoliberale Geist lebt fort, eine »Wende« wird es nicht geben. Bis Ende März 2009 hätte ein erster Teil der Maßnahmen in Gesetze gegossen werden sollen – doch es geschah so gut wie nichts. Die Folgekonferenz am 2. April 2009 in London war von Demonstrationen in London, Berlin, Frankfurt, Wien und Rom begleitet. Schon im Januar 2009 hatten sich mehr als 150 soziale Bewegungen, Gewerkschaften und kirchliche Organisationen in Paris getroffen, um Druck auf die Regierungen zu machen. Ihre Kernforderung: ein demokratischer Prozess. Nicht eine Handvoll Regierungen soll über das Schicksal der Welt verfügen, sondern alle UN-Mitgliedstaaten – aus der G20 müsse eine G192 werden. Die ärmsten Länder sind am härtesten von der Krise getroffen; ihr Ausschluss von der Konferenz ist ein fatales Signal der mächtigen und krisenverursachenden Regierungen. Es sollten außerdem nicht nur RegierungsvertreterInnen ihre Kompetenz einbringen, sondern auch Abgesandte von Parlamenten und der Zivilgesellschaft. Der Unmut der Ausgeschlossenen zeigt bereits Wirkung: Im Juni 2009 fand eine Konferenz der Vereinten Nationen zur Finanzkrise statt.

2. Ein neues Bretton Woods

Es ist eigentlich unglaublich: Obwohl uns in den letzten zwanzig Jahren so gut wie alle PolitikerInnen von den Segnungen und der Unabwendbarkeit der Globalisierung die Ohren vollgesungen haben, sticht bis heute nicht eine Autorität hervor, die einleuchtende Vorschläge zur Neuordnung des globalen Finanz- und Währungssystems gemacht hätte. Obwohl diese auf der Hand liegen. Gefragt ist ein System, das alle Mitglieder des Global Village gleich behandelt, das Stabilität für alle sicherstellt. Es kann nicht sein, dass sich ein Land auf Kosten aller anderen Länder enorme Vorteile verschafft, indem seine Landeswährung gleichzeitig die Rolle der Weltleitwährung spielt. Im System von Bretton Woods wurde dieser Konstruktionsfehler vorsätzlich angelegt: Der US-Dollar wurde als Leitwährung festgelegt, was den USA ein mehrfaches Privileg gesichert hat: Sie sind das einzige Land der Welt, das in der eigenen Währung Öl kaufen kann. Alle anderen Länder müssen zuerst US-Dollars ankaufen, bevor sie Öl kaufen können. Die USA können sich wie kein anderes Land in der eigenen Währung auf den globalen Finanzmärkten verschulden. Fast alle anderen müssen zuerst Dollars kaufen, bevor sie Kredite aufnehmen können. Das stabilisiert die US-Währung wider jede ökonomische Vernunft. Die USA genießen infolge der ungebrochenen Nachfrage nach US-Dollars schier unendlich Kreditwürdigkeit, weshalb sie das gigantische Handelsdefizit mit China und dem Rest der Welt aufbauen konnten. Das extreme Handelsungleichgewicht ist eine strukturelle Ursache für die Kreditkrise: Die USA gewöhnten sich an, weit über ihre Verhältnisse zu konsumieren. Damit ist vorerst Schluss.

Das enorme Zwillingsdefizit – im Staatshaushalt und in der Handelsbilanz – wird nicht in alle Ewigkeit weiterwachsen können. Es ist nur eine Frage der Zeit, bis der US-Dollar die Führungsrolle verlieren wird. Einiges deutet schon darauf hin: 1. die Überlegungen einiger Öl exportierender Länder, die Ölrechnung von Dollar auf Euro umzustellen; 2. die Neigung von Ländern mit hohen Devisenreserven, diese in den Euro umzuschichten; 3. der Umstand, dass ein wachsender Anteil grenzüberschreitender Bankkredite und Anleihen in Euro vergeben wird; 4. die drohende Dollar-Inflation infolge der geringen Hemmung der Fed, Geld zu drucken.[82]

Umso unverständlicher ist es, dass niemand die Idee von John Maynard Keynes aufgreift, die eine stabile und gerechte Alternative zur Dollarhegemonie darstellt. Keynes forderte schon 1944 in Bretton Woods anstelle einer Landes- als Weltleitwährung eine internationale Verrechnungseinheit auf der Basis von dreißig Rohstoffen. Im »Bancor«, heute könnten wir ihn »Globo« oder »Terra«[83] nennen, würden nur der Welthandel und internationale Kredite abgerechnet, die nationalen Währungen blieben alle erhalten. Die Wechselkurse würden gemeinsam von den Notenbanken – etwa einem UN-Währungsausschuss – festgelegt und gegen Spekulation verteidigt (die es bei Umsetzung der folgenden Vorschläge nicht mehr geben würde). Ein solches System würde nicht nur zu hoher *Stabilität* des Währungssystems führen, sondern auch die nötige *Flexibilität* erlauben, damit auf die unterschiedliche ökonomische Entwicklung der einzelnen Länder mit der kontrollierten Auf- oder Abwertung der Wechselkurse reagiert werden kann.

Diese Flexibilität besitzt nicht einmal der Euro, der sich wie ein Währungskorsett über unterschiedliche Ökonomien spannt und dabei ständig Zerreißproben ausgesetzt ist. Es ist fraglich, ob er die aktuelle Krise – die einzelnen Euroländer zahlen sehr unterschiedliche Zinsen auf ihre Staatsschulden – überhaupt überleben wird. Schon bisher hatten Euroländer mit niedriger Inflation durch den einheitlichen Leitzinssatz der EZB deutlich höhere Realzinsen als Länder mit hoher Inflation, was das Eurosystem stark belastet. Zwar ließen sich diese Ungleichgewichte durch eine abgestimmte Wirtschaftspolitik (Löhne, Steuern, Staatsausgaben) weitgehend beseitigen, die EU hat aber bis dato darauf verzichtet.

Global weitergedacht, würde der Euro zu einer globalen Einheitswährung führen, zu einem Globo, der die Landeswährungen ersetzt. Eine Weltwährung ergibt jedoch zum aktuellen Zeitpunkt (noch) nicht den geringsten Sinn, weil sich die einzelnen Länder höchst unterschiedlich entwickeln und nicht in eine geldpolitische Uniform gepresst werden können. Bis auf weiteres ist deshalb die flexible und dezentrale Globo-Variante mit einer Vielfalt von Währungen, die zueinander kontrolliert auf- und abwerten können, die logischere Lösung.

Die Frage ist, warum sich die EU nicht für dieses stabile und gerechte globale Währungssystem einsetzt. Wartet sie still und heimlich auf den Zusammenbruch des US-Dollars, um selbst zur neuen Weltleitwährung aufzusteigen? Oder zumindest auf die Ablöse des Dollars als Öl-Währung? Während die EU-Elite meine Forderung nach dem Aufgreifen des Vorschlags von Keynes geschlossen ignoriert, gewann ich 2009 einen unerwarteten Verbündeten: den Gouverneur der chinesischen Zentralbank. In einem Brief an die Weltöffentlichkeit schreibt Zhou Xiaochuan anlässlich des G20-Gipfels in London: »Die Schaffung einer internationalen Verrechungseinheit nach dem Vorschlag von Keynes ist eine kühne Initiative, die außergewöhnliche politische Vision und Mut erfordert. (…) Bedauerlicherweise wurde der Vorschlag nicht angenommen.«[84] Die Initiative von Xiaochuan fand in der G20 keinen Widerhall. Dagegen befand die Expertenkommission der UNO, die die UN-Konferenz zur globalen Finanzkrise im Juni 2009 vorbereitete, der Vorschlag von Keynes sei »eine Idee, deren Zeit gekommen ist«. Die internationale Staatengemeinschaft solle »die Schaffung einer solchen globalen Reservewährung in Angriff nehmen«.[85]

Keynes hatte noch weitere Vorschläge gemacht. Er sah in Handelsbilanzungleichheiten eine Gefahr für die globale Stabilität und wollte die Länder mit Sanktionen dazu zwingen, ihre Handelsbilanzen ausgeglichen zu halten. Der globale Importweltmeister und Rekorddefizithalter USA würde in einer solchen Regelung genauso bestraft werden wie der Überschuss- und Exportweltmeister Deutschland. Nach dem Modell von Keynes müsste Deutschland für 2008 achtzehn Milliarden und für 2007 sogar zwanzig Milliarden Euro Strafe zahlen. In der Welthandelsorganisation WTO, die nur fünfzig Jahre nach Bretton Woods gegründet wurde, wäre die Sanktionierung von »erfolgreichen Exportnationen« undenkbar. Das spricht allerdings nicht gegen das Modell von Keynes, sondern gegen die WTO. Die UN-Expertenkommission plädiert jedenfalls auch für die Umsetzung dieses Aspekts des Keynes-Modells.

3. Globale Institutionen und Regeln

Entweder wir globalisieren oder wir globalisieren nicht. Globale Märkte ohne globale Institutionen: Das geht nicht. Man baut ja auch keine Autobahn, um dann die Straßenverkehrsordnung, den Räumdienst, die Autobahnpolizei und die Pannenhilfe zu vergessen. Globale Märkte benötigen dieselben Regulierungs- und Aufsichtsstrukturen wie nationale Märkte: Finanzmarktaufsicht, Fusionskontrolle, Steuerbehörde, Arbeitsinspektorat, Umweltagentur, Wirtschaftsgericht. Wer gegen globale Institutionen ist, müsste konsequenterweise auch gegen die wirtschaftliche Globalisierung und den Weltmarkt sein.

Bei der ersten Bretton-Woods-Konferenz wurden zwei globale Organisationen geschaffen: Weltbank und Internationaler Währungsfonds (IWF). Diese sind allerdings keine demokratischen Institutionen unter der Ägide der UNO, sondern Aktiengesellschaften im Mehrheitsbesitz der westlichen Industrieländer. Falls sie fortbestehen sollen, müssten sie in die UNO integriert, ihre Stimmrechte demokratisiert und ihre Entscheidungen an Parlamente und die globale Zivilgesellschaft rückgebunden werden. Der Internationale Währungsfonds könnte unter dieser Voraussetzung zu einer Art Weltzentralbank weiterentwickelt werden, zum Kreditgeber der letzten Instanz. Diese Funktion hat er in den letzten Krisen – Mexiko, Südostasien, nunmehr Island, Ungarn und Ukraine – ohnehin schon wahrgenommen. Jedoch sind es wenige Länder, die im IWF alles entscheiden, das entspricht keinem globalen Dorf-Geist.

Weltsteuerbehörde

In der Steuerfrage zeigt sich die Doppelmoral der Globalisierer besonders deutlich: Der Markt und seine Freiheiten und Gewinne werden globalisiert, doch die damit einhergehende Verantwortung und die Steuerpflichten bleiben national. In einem globalen Markt sind jedoch essenzielle Aufgaben zur *Ergänzung* der nationalen Steuersysteme zu erledigen, sonst richten Freihandel und freier Kapitalverkehr deutlich mehr Schaden an, als sie nützen.

Eine Weltsteuerbehörde würde die steuerpolitischen Ziele der Nationalstaaten koordinieren und verhindern, dass sie sich einen Steuerwettbewerb liefern und gegenseitig die Steuerbasis abgraben. Koordiniert werden muss daher die Besteuerung der mobilen Steuerfaktoren, insbesondere des Kapitals. Wenn Unternehmen und Privatpersonen Standort und Steuersitz frei wählen können, dann ist es eben keine »nationaldemokratische« Entscheidung mehr, wie hoch an jedem Ort die Vermögens-, Gewinn-, Kapitalertragssteuern und die Spitzensteuersätze der Einkommenssteuer sind. Im Gleichschritt mit der globalen Bewegungsfreiheit der Steuersubjekte muss ihre Steuerpflicht global koordiniert werden – am besten in der UNO. Wer aus der Kooperation ausschert, muss sanktioniert werden, damit jene, die kooperieren, nicht die Dummen sind. Das beste Druckmittel: Wer bei den globalen Regeln und Mindeststandards nicht mitmacht, wird vom freien Kapitalverkehr abgetrennt. Binnen kurzer Zeit würden dadurch alle dabei sein, keine Steueroase kann sich die Beschränkung des Kapitalverkehrs leisten: Er ist ihre Lebensader.

Konkret müssten in der Weltsteuerbehörde a) Mindeststandards für die Vermögens-, Gewinn- und Kapitalertragssteuern sowie für den Spitzensatz der Einkommenssteuer festgelegt werden, und b) alle Länder sich verpflichten, die Kapitaleinkommen von BürgerInnen anderer Länder den zuständigen Finanzämtern automatisch und lückenlos zu melden.

Die Weltsteuerbehörde sollte zweitens das Neuland globaler Steuern beschreiten, in *Ergänzung* der weitgehend unangetasteten nationalen Steuerhoheit: Globale Steuern sind logisch und sinnvoll bei globalisierten Wirtschaftsaktivitäten wie grenzüberschreitenden Gewinnen oder Finanztransaktionen. Allein eine globale Finanztransaktionssteuer könnte ein Vielfaches der Summe aufbringen, die für die Erreichung der UN-Millenniumsziele nötig wäre: je nach Steuersatz bis zu einer Billion US-Dollar pro Jahr.[86] Ein anderer logischer globaler Steuergegenstand sind die natürlichen Ressourcen des Planeten und knappe öffentliche Güter wie Klimastabilität, Meeresengen oder Satellitenkreisbahnen.

Fixierung der Rohstoffpreise

Eigentlich waren auf der Konferenz von Bretton Woods Drillinge geplant. Doch zur Welt kamen nur die Zwillinge Weltbank und Währungsfonds. Die dritte globale Organisation, die »International Trade Organization« (ITO), wurde zur Totgeburt. Diese hätte das Recht gehabt, transnationale Konzerne zu regulieren und auch die Rohstoffpreise festzusetzen. Daraus wurde nichts, weil die USA eine UN-Organisation mit solchen Kompetenzen ablehnten. Besser, die armen Länder konkurrieren einander im Rohstoffexport, wodurch die Preise – immer wieder – in den Keller rasseln. Unter stark schwankenden Energie- und Agrarrohstoffen leiden die »realen« Wirtschaftsakteure jedoch genauso wie unter den akrobatischen Verrenkungen der Wechselkurse. Deshalb sollte auch dieses Versäumnis von Bretton Woods I nachgeholt und ein Preisausschuss in der UNO für die wichtigsten strategischen Rohstoffpreise gegründet werden. Dann hätten endlich alle Beteiligten Planungssicherheit. Bei stabilen Rohstoffpreisen und Wechselkursen bräuchte es die große Mehrheit der Absicherungsgeschäfte (»Hedging«) für Landwirte oder Exporteure nicht. Damit ist auch der wichtigste Grund für viele Finanzderivate (Absicherung gegen Wechselkurs- und Rohstoffpreisschwankungen) sowie für Hedge-Fonds (sie können die »Gegenwette« im Absicherungsgeschäft eingehen und dieses dadurch erst ermöglichen) hinfällig. Alle, die es für vernünftiger halten, dass sich der Ölpreis nach einer globalen Übereinkunft vorhersehbar entwickelt als nach dem irrationalen Spiel »freier Märkte«, sollten dies auch öffentlich deklarieren und einfordern.

Weltfinanzmarktaufsicht

Eine weitere Lücke im Konzert der globalen Institutionen sollte als Allererste geschlossen werden: die Weltfinanzmarktaufsicht. Die Abschlusserklärung des G20-Treffens vom 2. April 2009 spricht immerhin von der Einrichtung eines »Financial Stability Board«[87], das den Rumpf einer solchen Aufsicht bilden könnte. Die genauen Kompetenzen dieses neuen Organs sind jedoch noch völlig offen. Eine schlagkräftige Weltfinanzmarktaufsicht müsste als erste Aufgabe große Finanzinstitute so weit zerteilen, bis keines von ihnen mehr »too big to fail« ist. Auf einem freien Markt darf es kein systemrelevantes Institut geben. Diese Mammutaufgabe dient nicht nur der Wiederherstellung systemischer Stabilität, sie ist auch nötig, damit jedem Institut, das sich den Anweisungen der Aufsichtsbehörde widersetzt, bedenkenlos die Lizenz entzogen werden kann. Die verbleibenden privaten Banken müssten sehr viel höhere Eigenkapitalvorschriften – um die fünfzehn Prozent – befolgen. Um die Bilanzen der Banken sicher und transparent zu halten, sind drei weitere Maßnahmen vonnöten:

1. Alle Geschäfte »off balance« werden untersagt. Alles muss in die Bilanz. Es ist ein Marktversagen, dass sich die gewinnorientierten Banken von diesem Mindeststandard der Transparenz verabschiedet haben. Die Ursache ist das Gewinnstreben der Banken: Wer Kredite aus der Bilanz entsorgt, erhöht die Eigenkapitalquote und kann noch mehr Kredite vergeben und Gewinne machen.

2. Die Bewertungs- und Bilanzierungsregeln müssen geändert werden. Erst vor kurzem übernahmen die EU-Banken die »prozyklischen« Bilanzierungsregeln nach IFRS (International Financial Reporting Standards). Vermögenswerte wie Immobi-

lien oder Aktien, die im Zuge der Bildung einer Blase im Buchwert ansteigen, erhöhen automatisch das Eigenkapital der Bank, die dadurch mehr Kredite vergeben kann. Sobald die Blase platzt, schrumpft das Eigenkapital der Bank – genau im falschen Moment –, und die Insolvenz droht. Nach bewährten Bilanzierungsregeln sollten Vermögenswerte vorsichtig bewertet werden und nicht nach dem aktuellem Marktpreis.

3. Damit alle einsehen können, wer bei wem Kredite in welchem Ausmaß aufgenommen hat, sollte ein globales Kreditregister erstellt werden, das offen zugänglich ist. Dann kann es sich nicht wiederholen, dass hochverschuldete Institute weiter Kredite erhalten. Die systemische Intransparenz ist eine wichtige Ursache für die Vertrauenskrise unter den Banken. Transparenz würde zu Vertrauen und Stabilität führen.

Eine weitere »prozyklische« Regulierung ist Basel II. Dieses Abkommen zwischen den 31 Industrieländern sieht vor, dass Banken forthin alle KreditnehmerInnen individuell »raten« (in Risikoklassen einstufen) müssen, bevor sie ihnen einen Kredit geben dürfen. Das hat gleich mehrere Nachteile: Erstens wird bei einer großen Zahl kleiner und kleinster Unternehmen die Risikoeinschätzungsmethode »Vertrauen und persönliche Bekanntschaft« durch ein standardisiertes Verfahren ersetzt, was die Kreditaufnahme für viele kleine Unternehmen erschwert; zweitens werden kleine Banken schlechtergestellt, weil das Rating für sie sehr viel aufwändiger ist als für große Banken. Drittens wirkt Basel II krisenverschärfend, weil sich in Krisenzeiten die Bonität aller SchuldnerInnen verschlechtert, was zu einer rigideren Vergabe von Krediten führt, Investitionen bremst und die Arbeitslosigkeit erhöht; in Boom-Zeiten wirkt Basel II genau umgekehrt und damit blasenbildend. Basel III müsste von einem prozyklischen zu einem antizyklischen Instrument umgebaut werden.

Ein ökosoziales Basel III

Die Überarbeitung der aktuellen Basel-Regeln ist bereits im Gang. Es wäre allerdings hochgradig inkonsequent und unstimmig, wenn wir – das demokratische Gemeinwesen – für nachhaltiges Wirtschaften und soziale Gerechtigkeit eintreten, jedoch die fundamentale Infrastruktur des Wirtschaftens – die Geld- und Kreditvermittlung – ohne jede soziale und ökologische Lenkungswirkung belassen würden. Das wäre so, als würde die öffentliche Versorgung einer Großstadt mit Trinkwasser an den Toren der Stadt in einen »freien Markt« münden und die Verteilung des Trinkwassers privaten (gewinnorientierten) Unternehmen überlassen. Das wäre nur dann kein Unsinn, wenn die privaten Unternehmen in der weiteren Verteilung mit strengen Regeln dazu verpflichtet würden, alle Menschen mit leistbarem Trinkwasser zu versorgen und keine ökologisch widersinnigen Verwendungen erlaubt wären.

Bei Banken ist uns die Vorgabe solcher Regeln nicht vertraut, weil wir noch zu wenig öffentlich über das Geldsystem und den Geldfluss diskutiert haben. Dieser muss genauso streng reguliert werden wie der Verteilungsfluss des Trinkwassers: Banken, egal, ob öffentliche oder private, sollten Unternehmen, an die sie Kredite verleihen, nicht nur auf ihr ökonomisches Risiko prüfen müssen, sondern auch auf den sozialen und ökologischen Mehrwert der Investition. Dazu braucht es einheitliche Bewertungsmaßstäbe, die demokratisch ausgearbeitet werden müssen. Erste Ansätze solcher ökosozialen Kennzahlen gibt es bereits: ISO 26000, diverse Richtlinien des »Ethical Banking« oder die UN Draft Norms für transnationale Konzerne. Diese sozialen und ökologischen Erfolgskennzahlen für Unternehmen sollten vereinheitlicht, weiterentwickelt und zum gesetzlichen Standard werden: Unternehmerischer Erfolg sollte zunehmend von sozialen und ökologischen Leistungen abhängig gemacht werden. Wer diese Standards nicht erfüllt, erhält keinen Kredit. Wer ehrgeizigere Standards schafft, erhält einen günstigeren Kredit. Dann dienen die Finanzmärkte und das Geldsystem endlich dem Ziel einer nachhaltigen Entwicklung.

Clearingstellen in öffentliche Hand

Auf den globalen Finanzmärkten gibt es ein wenig beachtetes Nadelöhr, an dem sich ein gewaltiger politischer Hebel ansetzen ließe: Alle grenzüberschreitenden Kapitalbewegungen laufen über drei (!) Clearingstellen, die den Zahlungsverkehr zwischen den Banken abwickeln. Wenn die Bank A aus Frankfurt an die Bank B aus Boston Bargeld, Forderungen oder Wertpapiere transferiert, dann läuft diese Transaktion entweder über »Swift«, »Euroclear« (beide Belgien) oder »Clearstream« (Luxemburg). Alle Banken, die internationale Überweisungen tätigen wollen, müssen ein Konto bei diesen Clearingstellen einrichten. Alle Transaktionen werden registriert, vergebührt und archiviert. Zwei Hebel ließen sich hier ansetzen: 1. Die Finanztransaktionssteuer könnte an diesen Clearingstellen eingehoben werden, indem sie einfach auf die automatisch abgebuchten Transaktionsgebühren draufgeschlagen wird. Die Einhebung der Tobinsteuer wäre mit einer kleinen Änderung der Computerprogramme möglich. 2. könnte Banken, die in Steueroasen sitzen, und anderen dubiosen Akteuren die Eröffnung eines Kontos verweigert werden. Dann könnte die Deutsche Bank von heute auf morgen keinen Zahlungsverkehr mehr mit ihrer Filiale auf den Cayman Islands tätigen. Sie müsste Geldboten mit Geldkoffern ins Flugzeug setzen und jeden Euro durch den Zoll schmuggeln: Das Spiel wäre aus.

Da es sich hier um ein hochsensibles Nadelöhr handelt, sollte die Abwicklung des internationalen Zahlungsverkehrs öffentlicher Kontrolle unterstellt sein. Die Clearingstellen sind ein enormer politischer Machthebel gegenüber Banken, Fonds und Vermögenden, der auch betätigt werden sollte.

Regulierung von Fonds?

Theoretisch könnte die Weltfinanzmarktaufsicht die zigtausend existierenden Finanzfonds mit Vorschriften übersäen: Regeln und Standards für Transparenz, Anlagestrategie, Fremdkapitalaufnahme und Besteuerung. Sie könnte den Fonds verbieten, den Unternehmen, die sie kaufen, die Kredite, mit denen sie den Kauf finanzieren, aufzubürden; oder das Eigenkapital der übernommenen Firmen unter eine gewisse Schwelle abzupumpen; oder sich ein Mehrfaches des Jahresgewinns als Dividende ausschütten zu lassen. Doch ist dieser Ansatz sinnvoll?

Investmentfonds sind der Inbegriff der kapitalistischen Gewinnmaximierung. Sie stellen keine nützlichen Waren her und erbringen auch keine persönliche Dienstleistung außer der, »aus Geld mehr Geld zu machen«. Mit ihrer Anlagemacht üben sie einen enormen und wachsenden Renditedruck aus. Sie verwandeln Geld von einem Schmiermittel in einen Machthebel. Sie widersprechen dem Gedanken der Demokratie, weil Vermögen extrem ungerecht verteilt sind und damit auch die »Stimmrechte«, die Fonds mit ihrem Investitionsverhalten ausüben. Sie machen die Reichen auf Kosten der Armen noch reicher. Im Kontrast zur Gütermarktkonkurrenz wird die Macht der Fonds durch Konkurrenz nicht zerstreut, sondern potenziert, weil nicht die Unternehmen denjenigen Fonds auswählen, der den geringsten Gewinn von ihnen erwartet, sondern umgekehrt die Fonds sich aussuchen, welches Unternehmen sie sich aneignen, und alle Fonds das Gleiche wollen: eine maximale Rendite.

Hedge-Fonds tragen auch maßgeblich zur Instabilität der Weltwirtschaft bei. Sie haben ein essenzielles Interesse an stark schwankenden Währungen, Rohstoffpreisen und Aktienkursen, weil ihre Gewinnchancen umso höher sind, je stärker die Kurse schwanken. Durch die Aufnahme von Krediten werden ihre Investitionen wie mit einem Hebel verstärkt, was die destabilisierende Wirkung potenziert. Der jüngste Ölpreis-Höhenflug wurde von Finanzfonds ebenso mitverursacht wie der ruckartige Anstieg der Lebensmittelpreise 2007 und 2008, der mehr als hundert Millionen Menschen zusätzlich in den Hunger stürzte. Auch in die Subprime-Krise waren Hedge-Fonds maßgeblich involviert. In einer Gesamtbetrachtung steht der systemischen Schadenswirkung der Fonds kein annähernd vergleichbarer volkswirtschaftlicher Nutzen gegenüber. Aus diesen Gründen sollten Finanzfonds prinzipiell verboten werden. Geld muss entmachtet werden.

Zulassungsprüfung für Derivate

Das an den Börsen gehandelte Volumen von Finanzderivaten summierte sich 2008 auf die unfassbare Zahl von 2,2 Billiarden US-Dollar. Der Turm von Babel war ein Flachbau dagegen. Dieser Auswuchs des globalen Finanzmarktes muss zurückgestutzt, der Markt für »finanzielle Massenvernichtungswaffen« geschlossen werden. Der Handel außerhalb der beaufsichtigten Börsenplätze (»over the counter«, OTC) sollte gänzlich untersagt werden, und an den beaufsichtigten Börsen sollten nur noch standardisierte und von der Finanzmarktaufsicht auf ihr Risiko geprüfte und genehmigte Produkte angeboten werden. Bestehende Produkte sollten nachträglich geprüft und langsam abgeschmolzen werden. Das wird ohnehin schon schwierig. Warren Buffett vergleicht Derivate mit der Hölle: »Du kommst leicht hinein, aber kaum mehr heraus.« Allein der US-Versicherungsriese AIG, der bis März 2009 bereits mehr als 170 Milliarden US-Dollar an Staatsgeld verschlungen hat, hatte noch 50 000 Derivate-Kontrakte in aller Welt mit einem Volumen von über 2,7 Billionen US-Dollar offen.[88] Vom ersten Rettungspaket durch den US-Staat in der Höhe von 85 Milliarden US-Dollar flossen 27 Milliarden US-Dollar in die Auflösung verlustreicher Derivate-Verträge.[89]

Bei Medikamenten leuchtet es allen ein, dass gewinnorientierte Pharmaunternehmen neue Produkte nicht einfach auf den Markt bringen dürfen, sondern diese zuerst von einer unabhängigen Stelle prüfen und genehmigen lassen müssen. Im Straßenverkehr ist es sonnenklar, dass ein Auto alle Sicherheitsnormen erfüllen muss, bevor es am Verkehr teilnehmen darf. Nur beim Geld gibt es keine Kontrolle und keine Sicherheit: Derivate dürfen bis heute von Fonds, Versicherungen und Investmentbanken frei in Umlauf gebracht werden, auch wenn sie Wohlstand, Sicherheit und Freiheit gefährden und – wie jetzt – zerstören.

Shareholder-Value brechen

Die Regulierung von Aktiengesellschaften hat ähnlich frappierend versagt wie die der Banken: Aktionäre bündelten ihre Macht in Fonds, und Fondsmanager zwangen die Vorstände der Aktiengesellschaften, zweistellige Renditen zu erpressen. Als Belohnung für kurzfristige Orientierung und Skrupellosigkeit erhielten Spitzenmanager astronomische Bonus-Zahlungen und Aktienoptionen. Im Höhenrausch des Börsenbooms haben Konzernvorstände systematisch betrogen und Bilanzen gefälscht, um aberwitzige Kurs- und Renditeziele darzustellen. Die kurzfristige Finanzgewinnmaximierung hat über langfristige Entwicklungsziele der Unternehmen gesiegt.

Aktiengesellschaften sind grundsätzlich eine unglückliche Rechtsform. In keiner anderen Unternehmensgestalt können sich Anonymität und Verantwortungslosigkeit, Gewinngier und Machtmissbrauch so effektiv paaren wie in Aktiengesellschaften. In keiner anderen Rechtsform kann sich die mörderische Wirkung des freien Marktes besser entfalten wie zwischen Aktiengesellschaften. Der Sinn einer Aktiengesellschaft, nämlich dass diese Kapital von Privaten bekommen kann, das ihr Banken aufgrund des hohen Risikos vorenthalten, ließe sich durch öffentliche Institutionen für Risikokapital erfüllen: Wer eine gute und sinnvolle Idee vorzuweisen hat, aber von der Bank kein Geld erhält, weil diese durch das Gesetz verpflichtet ist, die Bonität zu prüfen, kann bei der Innovationsabteilung des »Demokratischen Bankensystems« Risikokapital beantragen; im Unterschied zu den Börsen von heute schätzt diese jedoch nicht nur die rein finanziellen Erfolgsaussicht ein, sondern auch den sozialen und ökologischen Mehrwert des Projekts. Dadurch erhalten nicht alle, sondern alle sozial und ökologisch wertvollen Innovationen Risikokapital. Betroffen wären nur wenige: Aktiengesellschaften machen in Deutschland 0,02 Prozent, in Österreich 0,05 Prozent und in den USA 0,08 Prozent aller Unternehmen aus.

Sollte es weiterhin Aktiengesellschaften geben, bräuchte es zumindest eine Reihe effektiver Regulierungen, um die Börsenexzesse zu beruhigen.

1. Die *Managergehälter* müssen vom Aktienkurs entkoppelt und Aktienoptionen verboten werden. Stattdessen sollte ein Teil des Einkommens an soziale und ökologische Erfolgsindikatoren gekoppelt werden. So wird das Eigeninteresse der Vorstände von der kurzfristigen Kurspflege auf das Gemeinwohl verlagert.

2. Um die *Eigentümer*, die derzeit Aktien durchschnittlich nur noch zehn Monate halten, zur langfristigen Verantwortung anzuhalten, sollte das Stimmrecht bei Aktien an Mindesthaltedauern gekoppelt werden, zum Beispiel zehn Jahre. Die Wiedereinführung von Börsenumsatzsteuern (als Teil einer allgemeinen Finanztransaktionssteuer) würde ebenfalls das Halten von Aktien gegenüber dem Handeln begünstigen. Und die volle Besteuerung der Kursgewinne – möglich durch ihre automatische Meldung an das Finanzamt – wäre ein dritter Hebel »to marry investors to their assets«, wie es schon John Maynard Keynes einmahnte. Die wirkungsvollste Maßnahme zur Stärkung der Eigentümerverantwortung in Aktiengesellschaften wäre die Haftung der Aktionäre mit ihrem gesamten Privatvermögen. Die Vollhaftung der Aktionäre wurde in Großbritan-

nien 1856 – gegen heftigen Widerstand – und in den US-Bundesstaaten in der zweiten Hälfte des 19. Jahrhunderts abgeschafft.[90] Manch historischer Fehler muss einfach rückgängig gemacht werden.

3. Schließlich bräuchte es ein Mitbestimmungsrecht der *Beschäftigten* bei schicksalhaften Unternehmensentscheidungen: Wenn es um die Schließung des Standortes (bei Gewinnlage), um Standortverlagerung oder Massenpersonalabbau geht, sollten diejenigen, die oft länger im Unternehmen Mitverantwortung getragen und zur Wertschöpfung beigetragen haben als die aktuell entscheidenden Vorstände und Aktionäre zusammen, ein Mitspracherecht erhalten. Dieses Recht könnte auch VertreterInnen der Standortregion und zukünftigen Generationen eingeräumt werden. Eine Aktiengesellschaft ist eine hochkomplexe Organisation mit zahlreichen Betroffenengruppen. Es widerspricht dem Prinzip der Demokratie, dass die Eigentümer alles alleine befehlen dürfen, egal, wie wenige sie sind und wie lange sie im Unternehmen verbleiben.

4. Regulierung des EU-Binnenmarktes

Die EU sollte ihr ganzes politisches Gewicht für die Umsetzung dieser Maßnahmen auf globaler Ebene einsetzen; sie darf aber keinesfalls darauf warten, dass alle mitmachen. Solange globale Regeln nicht zustande kommen, sollte sie alle genannten Regulierungen als ersten Schritt im EU-Binnenmarkt umsetzen. Gleichzeitig muss sie sich vor Wirtschaftsräumen und Handelspartnern schützen, die auf eine ähnlich strenge Regulierung und Krisenprävention verzichten. Sonst laufen wir Gefahr, dass die EU in wenigen Jahren von der nächsten Finanzkrise erneut mit voller Wucht getroffen wird oder, schlimmer noch, die nächste Finanzkrise inmitten der EU ausbricht. Deshalb muss auch in der EU eine gemeinsame und schlagkräftige Finanzmarktaufsicht geschaffen werden.

Kommissionspräsident José Manuel Barroso lehnt diese als »unrealistisch« und »gegen die Verträge« immer noch ab.[91] Zwar ist ein »Europäischer Rat für Systemische Risiken« vorgesehen, doch dessen Empfehlungen bleiben unverbindlich. Wozu dann die Mühe? Das wäre so, als würde die Europäische Wettbewerbsbehörde Elefantenfusionen mit Ratschlägen an die nationalen Behörden verhindern wollen. Eine schlagkräftige EU-Finanzmarktaufsicht müsste auch innerhalb der EU die privaten Finanzinstitute so weit zerteilen, dass keines mehr systemrelevant ist und jedes in Konkurs gehen darf. Die Banken müssen alle Geschäfte in die Bilanzen aufnehmen und ihre Niederlassungen in Steueroasen schließen. Finanzderivate müssen von der Finanzmarktaufsicht geprüft und genehmigt werden. Fonds sollten generell verboten werden und Banken Kreditgesuche auf soziale und ökologische Kriterien prüfen müssen. Die Abschaffung oder Regulierung von Aktiengesellschaften kann ebenfalls in der EU vorgenommen werden.

Auf der Steuerebene müsste der Steuerwettlauf innerhalb der EU beendet werden. Dazu habe ich detaillierte Vorschläge gemacht.[92] Einen ersten Schritt hat die EU mit der Zinsrichtlinie getan: In 24 von 27 Mitgliedsländern melden die Banken Vermögenseinkommen von StaatsbürgerInnen anderer EU-Länder vollautomatisch den zuständigen Finanzämtern, damit diese im Herkunftsland den regulären Kapitalertrags- und Vermögenssteuern unterworfen werden können. Nur Belgien, Luxemburg und vor allem Österreich drücken sich noch vor dem Mitmachen, weil sie ihr strenges Bankgeheimnis beibehalten wollen, mit dem sie Steuerhinterzieher aus anderen Ländern anlocken.

Schätzungen zufolge bunkern in Österreich siebzig Milliarden Euro aus Deutschland, in der Schweiz sind es sogar bis zu 300 Milliarden Euro. Das Geld fehlt den Nachbarstaaten schmerzlich: »Wenn ich dieses Geld hätte, was hier hinterzogen wird, könnte ich die Steuern für alle senken oder in Bildung und das Gesundheitswesen investieren«, meint der deutsche

Finanzminister Peer Steinbrück.[93] Nicht nur um der Gerechtigkeit und der Rechtsstaatlichkeit willen müssen die drei letztgenannten EU-Mitglieder so rasch wie möglich ins Boot, sondern auch damit die EU glaubwürdigen Druck auf die Schweiz, Liechtenstein, Monaco, Jersey und andere Drittländer ausüben kann. Denn Sanktionen ergeben erst dann Sinn, wenn innerhalb der EU alle mitmachen.

Außerdem müssen die – noch riesigen – Schlupflöcher der Richtlinie geschlossen werden. Derzeit gilt sie nur für Zinseinkommen, aber nicht für Kursgewinne oder Dividenden; und nur für natürliche Personen, aber nicht für juristische – mit der Gründung eines Trusts ist man aus dem Schneider. Schließlich sollte die Zinsrichtlinie Zug um Zug zu einem globalen Abkommen ausgeweitet werden. Vor die Wahl gestellt, ob sie am freien Kapitalverkehr und am transparenten Informationsaustausch teilnehmen wollen oder an keinem von beiden, werden mit Sicherheit alle Länder in kurzer Zeit dem Abkommen beitreten. Dann wäre es rasch vorbei mit Steueroasen, Bankgeheimnis, Budgetdefiziten, Sozialabbau und Privatisierungen mit Verweis auf öffentlichen Geldmangel.

5. Keine Gewinnorientierung auf den Finanzmärkten

Das Gewinnmotiv hat die Finanzmärkte verwandelt, um nicht zu sagen verhext. Sie streiften ihre ursprüngliche, dienende Rolle ab und gaben sich dem alchimistischen Experiment und der besinnungslosen Spekulation hin; gleichzeitig übten sie erfolgreich Druck auf die Regierungen aus, das globale Casino immer weiter zu deregulieren und zu liberalisieren, bis es zusammenbrach. Die Geldvermittlung ist die fundamentale Infrastruktur für alle Wirtschaftssektoren und damit eine öffentliche Dienstleistung. Geldvermittlung darf nicht zur Ware werden, aus der Profit geschlagen werden kann, es muss ein (Schmier-)Mittel bleiben. Deshalb sollten gewinnorientierte Bankentypen verboten werden. Die Finanzmärkte funktionierten historisch am besten, als sie überwiegend aus nichtgewinnorientierten Genossenschafts-, Volksbanken und öffentlichen Sparkassen bestanden. Auch heute sind die meisten Banken in der EU keine Aktiengesellschaften. In Deutschland bilden 1200 Genossenschaftsbanken und 440 kommunale Sparkassen ein flächendeckendes Versorgungsnetz, allerdings müssten auch sie wieder ein wenig auf den Boden geholt und teilweise demokratisiert werden. Sie könnten entweder in Ergänzung zur »Demokratischen Bank« weiterbestehen oder in dieser aufgehen.

In diesen nichtgewinnorientierten Banken wird sich das Geld der SparerInnen nicht mehr so schnell vermehren wie in den letzten Jahren, aber das ist gut so! Geld muss entmachtet und von seinen Renditeansprüchen entkleidet werden, wenn es nicht die Gesellschaft beherrschen und den Kapitalismus in die finale Krise treiben soll.

Geldschöpfung in öffentliche Hand

Die aktuelle Krise bietet die Chance auf eine sehr einleuchtende Geldreform nach dem Vorschlag der beiden Geldtheoretiker Joseph Huber und James Robertson: Das Vorrecht der Privatbanken auf Geldschöpfung wird aberkannt und an die Zentralbank übertragen. Die daraus resultierenden Gewinne ergehen an den Staat zur Finanzierung öffentlicher Leistungen (oder Schuldentilgung oder Steuersenkung) und somit an die Allgemeinheit. Privatbanken dürfen nur noch Geld verleihen, das sie selbst besitzen oder sich woanders geliehen haben. Die Schaffung oder Schöpfung von neuem Buchgeld würde forthin als Geldfälschung strafbar. Die Autoren schätzen den Geldschöpfungsgewinn, den derzeit die Geschäftsbanken EU-weit einstreichen, auf rund 400 Milliarden Euro, für Deutschland auf rund achtzig Milliarden Euro. Dieses Geld käme anstatt den Aktionären privater Geschäftsbanken der Allgemeinheit zugute.

6. Was tun gegen zu viel Geld?

Neben der bewussten Umregulierung der Finanzmärkte habe ich die relative Zunahme des Finanzvermögens im Verhältnis zum BIP als strukturelle Krisenursache identifiziert. Dieser wachsende Überschuss an Finanzvermögen hat seinerseits mehrere Ursachen, die zum Teil politisch entschieden wurden:
1. langfristiges Sparen und Finanzvermögensbildung
2. ungerechte Verteilung
3. Rentenprivatisierung
4. Geldschöpfung der Geschäftsbanken

Diese Tendenzen verstärken einander gegenseitig und bilden eine immer größere Masse von Finanzkapital, das einen wachsenden Renditedruck auf die Realwirtschaft ausübt und Mensch und Natur im globalen Kapitalismus immer mehr stresst. Was könnte gegen diese Entwicklung unternommen werden?

Gegen Ursache 1 lässt sich in einer wachsenden Wirtschaft (= einer Geldwirtschaft, die auf Profitstreben und Konkurrenz basiert) wenig unternehmen. Je länger eine Wirtschaft wächst, desto höher wird sogar die Wahrscheinlichkeit, dass die Rate des Sparens die Rate des Wirtschaftswachstums übersteigt (weil immer mehr Reiche immer mehr sparen können), was zum relativen Anwachsen der Finanzvermögen im Verhältnis zur Wirtschaftsleistung (BIP) führt. Dagegen wächst kein Kraut. Man kann das Geld nur entmachten und verhindern, dass mächtige Kapitalverwalter wie Fonds, Versicherungen oder gewinnorientierte Banken dieses Geld einsammeln und »managen« und dabei Macht ausüben: ein wichtiger Grund für die Eliminierung des Gewinnmotivs auf den Finanzmärkten.

Die Maßnahmen gegen Ursache 3 sind am einfachsten umzusetzen: Alle staatlichen Förderungen für die private Rentenvorsorge müssen zurückgenommen und die erste Säule des Rentensystems, das solidarische Umlageverfahren, das auf dem Generationenvertrag beruht, wieder ausgebaut werden. Dass die Alterung der Bevölkerung hierfür kein Hindernis ist, habe ich an anderer Stelle mehrfach ausführlich dargelegt.[94]

Ursache 4 kann behoben werden, indem den Geschäftsbanken das Vorrecht der Geldschöpfung entzogen wird. Dann könnten sie die umlaufende (Buch-)Geldmenge nicht erhöhen. Da das Finanzvermögen im Verhältnis zum BIP beständig wächst (und das BIP immer langsamer wächst), sinkt logischerweise aus beiden Gründen die Notwendigkeit der Geldschöpfung, weil ein immer höherer Anteil von realen Krediten durch private Geldvermögen gedeckt ist. Sie müssen nicht aus dem Nichts geschöpft werden, sondern können Ergebnis von Geldvermittlung zwischen SparerInnen und InvestorInnen sein – die Grundidee des Finanzmarktes.

Bleibt als Knackpunkt Ursache 3: ungerechte Verteilung. Diese hat mit den Machtverhältnissen in einer kapitalistischen Gesellschaft zu tun. Je stärker wir den Wert Privateigentum als individuelles Recht definieren und je schwächer als soziale Pflicht, desto mächtiger werden die KapitalbesitzerInnen. Es gelingt ihnen, das demokratische System für ihre Interessen zu vereinnahmen. Der Staat mutiert im fortgeschrittenen Kapitalismus von einem demokratischen Instrument zu einem Herrschaftsinstrument der ökonomischen Eliten. In der neoliberalen Ära der letzten dreißig Jahre konnten wir das sehr deutlich mitverfolgen. Die Ungleichheiten sind regelrecht explodiert, Reichtum und Armut haben parallel zugenommen. Um die Verteilung wieder ins Lot zu bringen, bräuchte es eine ganze Reihe von Maßnahmen, die hier nur angerissen werden können:

- Verkürzung der regulären Wochenarbeitszeit bei vollem Lohnausgleich in Richtung 30- und später 20-Stunden-Woche
- EU-weite gesetzliche Mindestlöhne
- volle soziale Absicherung aller Beschäftigungsverhältnisse
- soziale Mindestsicherung oder befristetes bedingungsloses Grundeinkommen (zum Beispiel auf fünf Jahre während des erwerbsfähigen Alters)[95]

- breites Angebot öffentlicher Arbeitsplätze und Dienstleistungen
- höhere Steuern auf Vermögen, Kapital- und Spitzeneinkommen
- Begrenzung des Erbrechts auf einen Freibetrag (plus Berücksichtigung eigengenutzter Immobilien) und gleichmäßige Aufteilung der Erbmasse einer Generation an die nächste
- Grenzen für die Ungleichheit

Zum letzten Punkt: In meinen Büchern »50 Vorschläge für eine gerechtere Welt« und »Neue Werte für die Wirtschaft« habe ich für die gesetzliche Begrenzung der Einkommens- und Vermögensungleichheit plädiert, damit eine Gesellschaft nicht zerreißt und die Macht sich nicht in Händen weniger konzentriert. In Österreich besitzt ein einziger Haushalt ein so großes Privatvermögen wie 29 Prozent aller Haushalte zusammen. Das ist nicht nur ein sozial-, sondern auch ein demokratiepolitischer Skandal, weil die politische Macht dieses Haushalts im Verhältnis zu den anderen viel zu groß ist. Die extreme Ungleichheit ist ein Hinweis darauf, dass der Kapitalismus ein »positiv rückgekoppeltes System« ist: Je reicher jemand wird, desto leichter wird das weitere Reichwerden. Allerdings nicht aufgrund von Leistung und Verantwortung, sondern aufgrund von Macht.

Deshalb schlage ich »negative Rückkoppelungsmechanismen« vor, ohne die jedes System kollabieren würde. Je reicher jemand wird, desto *schwieriger* muss das weitere Reichwerden werden. Die erste Million müsste die leichteste sein, die zweite schon wesentlich schwieriger, und irgendwann muss ganz Schluss sein. Das Recht auf Aneignung von Einkommen, Vermögen und privaten Produktionsmitteln muss relativ begrenzt werden. Niemand soll mehr als das Zwanzigfache des gesetzlichen Mindestlohnes verdienen dürfen und niemand soll ein Privatvermögen aufbauen dürfen, das größer als zehn Millionen Euro ist (»Gerechtigkeitsformel 2010«). Unternehmen, die bestimmte Umsatzgrößen überschreiten, müssen sukzessive in gesellschaftliches Eigentum übergehen. Das sind in reifen kapitalistischen Gesellschaften unverzichtbare »automatische Stabilisatoren« oder – systemtheoretisch gesprochen – »negative Rückkoppelungen« zur Rettung des sozialen Friedens und der Demokratie.[96]

7. Genügt die Regulierung der Finanzmärkte?

Die Regulierung der Märkte ist ein hehres Ziel. Doch es wird vermutlich nicht gelingen. Denn der Kapitalismus tendiert dazu, die politischen Fesseln, die ihm angelegt werden, zu sprengen. Das haben wir aus der jüngeren Geschichte gelernt: Vom System von Bretton Woods und von der sozialen Marktwirtschaft ist wenig übrig geblieben. Der wichtigste Grund: Die soziale Marktwirtschaft hat nur an der Oberfläche reguliert und umverteilt, aber den Kern des Kapitalismus nicht angetastet. Der Kern des Kapitalismus ist die Kombination aus Gewinnstreben und Konkurrenz. Nach einer kurzen Schockphase nach dem Zweiten Weltkrieg ist der Kapitalismus wieder so stark geworden, dass er die meisten Fesseln gesprengt hat – bis zur Selbstzerstörung.

Wenn wir dieses Mal wieder *nur* die Finanzmärkte regulieren oder zur sozialen Marktwirtschaft zurückkehren wie nach dem Krieg, dann frage ich mich, was unsere Hoffnung nährt, dass die Regulierung dieses Mal länger halten wird. Zumal die Voraussetzungen dafür heute deutlich schlechter sind als damals: Nach dem Krieg war das private Kapital weitgehend vernichtet, es konnte sich nicht gegen die Regulierung zur Wehr setzen. Heute sind weltweit Hunderte Billionen US-Dollar angehäuft, das Kapital ist global vernetzt, professionell verwaltet und politisch organisiert, um unliebsame Regulierungen zu verhindern. Einer wirkungsvollen und nachhaltigen Bändigung der Finanzmärkte gebe ich daher eine sehr geringe Chance. Wir sollten besser die kapitalistische Anreizdynamik von Grund auf überwinden, die die Gesellschaft zerreißt, die Umwelt zerstört und die Demokratie untergräbt. Wann, wenn nicht jetzt?

Gemeinwohl- statt Gewinnstreben

Es gibt zwei Arten von Unternehmen:
um Geld zu verdienen oder um die Welt zu verändern.
MUHAMMAD YUNUS

In »Neue Werte für die Wirtschaft« habe ich eine Synthese der beiden großen Paradigmen Kapitalismus und Kommunismus versucht und die Ergebnisse zu einer neuen Form des Wirtschaftens weiterentwickelt. Diesen dritten Weg – er ist bei weitem nicht der erste – könnte man humanes und ökologisches Werteschaffen nennen. Der Knackpunkt: Gewinnstreben und Konkurrenz sollen als fundamentale Anreizstruktur privater Unternehmen abgelöst werden von Gemeinwohlorientierung und Kooperation. Finanzgewinn sollte nicht mehr das Ziel von Unternehmen sein, weil diese Kategorie keine vernünftige Aussagekraft über die Schaffung von gesamtgesellschaftlichem Wohlstand und Freiheit besitzt (genauso wenig, wie das BIP auf makroökonomischer Ebene Aussagekraft über das Maß von gesamtgesellschaftlichem Wohlstand und Lebensqualität besitzt). Zusätzlicher Finanzgewinn kann Wohlstand und Freiheit genauso gut schaffen wie zerstören. Es ist daher kontraproduktiv,
- Finanzgewinn als oberstes Unternehmensziel vorzugeben,
- unternehmerischen Erfolg mit Finanzgewinn gleichzusetzen,
- ökonomischen Wettbewerb um dieses Ziel zu entfalten.

Mein alternativer Vorschlag: Neues Ziel von Unternehmen sollte das sein, was sich die Mehrheit der Menschen von diesen wünscht: soziale Verantwortung, ökologische Nachhaltigkeit, demokratische Mitbestimmung und Solidarität mit allen Berührungsgruppen. Unternehmen sollten durch das Gesetz auf das Gemeinwohl verpflichtet werden. Unternehmerischer Erfolg wird zukünftig primär an einer Gemeinwohlbilanz gemessen (kombinierte Sozial-, Öko-, Demokratie- und Solidaritätsbilanz). Die finanzielle Bilanz gerät zum Nebenschauplatz, nicht mehr Finanzgewinn ist das Ziel, sondern Kostendeckung. Bilanzielle Überschüsse sind nur noch erlaubt für

a. nachhaltige Investitionen;
b. begrenzte Verlustvorsorge;
c. Stärkung des Eigenkapitals.

Überschüsse und liquide Mittel müssen bei der »Demokratischen Bank« deponiert werden, damit diese sie an jetzt investierende Unternehmen oder Haushalte günstig weiterreichen kann. Überschüsse dürfen *nicht* verwendet werden

– für die Ausschüttung an Eigentümer, die nicht im Unternehmen mitarbeiten;
– für Investments auf den Finanzmärkten (diese gibt es nicht mehr);
– für Fusionen und Aufkäufe anderer Unternehmen.

Die Einkommen aller im Unternehmen Beschäftigten sind mit dem maximal Zwanzigfachen des gesetzlichen Mindestlohnes begrenzt, wodurch verdeckte Gewinnausschüttungen nicht möglich sind.

Um das Gemeinwohl auf Unternehmensebene bilanzieren zu können, müssen wir es zuerst definieren und messen – so wie wir heute den Finanzgewinn ganz selbstverständlich messen, obwohl das eine genauso künstliche Kategorie, ein konstruierter Wert ist wie soziale Verantwortung oder ökologische Nachhaltigkeit. Das Finden dieser messbaren Kriterien und ihr Zusammenfassen in einer »Unternehmenscharta« könnte ein wirtschaftsdemokratischer Konvent vornehmen, der sich aus allen wichtigen Gruppen der Gesellschaft zusammensetzt wie eine erweiterte Sozialpartnerschaft. Die Vorarbeit ist längst geleistet. Um ihre soziale Verantwortung oder Umweltfreundlichkeit zu beweisen, haben heute so gut wie alle großen Unternehmen eine Ökobilanz, einen Nachhaltigkeitsbericht oder einen Verhaltenscodex entwickelt. Diese sind jedoch a) unverbindliche Nebenziele, deren Einhaltung niemand kontrolliert und die an der »bottom line« (dem Gewinnziel) wenig oder nichts ändern, und b) hat jedes Unternehmen einen anderen Kodex, wenn man so will, ein eigenes Gesetz: absurd. Der demokratische Konvent würde diese Vorarbeiten zusammenführen und vereinheitlichen zu verbindlichen Regeln, die für alle gelten. Definiert werden sollten jedoch nicht nur Mindeststandards, die von allen eingehalten werden müssen, sondern auch darüber hinausreichende Ziele, damit Pioniere einen Anreiz zur Verfeinerung und Weiterentwicklung der Standards vorfinden: Das ist das Ziel.

Die zweite Innovation: Je erfolgreicher Unternehmen die neuen Ziele umsetzen, desto stärker werden sie rechtlich in Vorteil gestellt. Unternehmen, die sich sozialer, ökologischer, demokratischer und solidarischer verhalten, als die gesetzlichen Mindeststandards es vorschreiben, werden dafür systematisch belohnt: Wenn ein Unternehmen zum Beispiel

– nach dem cradle-to-cradle-Prinzip produziert (abfalllose Produkte) statt nur abfallarm,
– zwei Menschen mit besonderen Bedürfnissen pro fünfzig Beschäftigte einstellt statt nur einen,
– gleich viele Frauen in den Führungsgremien hat wie Männer,
– alle Vorprodukte aus der Region bezieht statt einen Teil,
– einem regionalen Wirtschaftsparlament Mitsprache einräumt,
– eine höhere »Demokratiekarenzquote« erfüllt (Freistellungen von MitarbeiterInnen für demokratisches Engagement),
– den Zulieferbetrieben einen menschenwürdigen Preis (anstelle des Marktpreises) bezahlt,
– Know-how freiwillig an die Mit-Unternehmen weitergibt,
– offen kalkuliert,

erhält es eine ganze Reihe von rechtlichen Vorteilen, zum Beispiel:

- einen günstigeren Steuersatz
- einen niedrigeren Zoll-Tarif
- einen günstigeren Kredit von der »Good Bank«
- Vorrang beim öffentlichen Einkauf (ein Fünftel des BIP)
- Forschungskooperation mit öffentlichen Universitäten

Fast alle diese gesetzlichen Anreizinstrumente für Unternehmen werden schon heute eingesetzt. Wir sollten sie in Zukunft systematisch für diejenigen Verhaltensformen einsetzen, die sich die Mehrheit der Gesellschaft von den Unternehmen wünscht.

Die Folgen für das Wirtschaften wären revolutionär. Hier nur die drei wichtigsten:

1. Da Finanzgewinn nicht mehr das Ziel von Unternehmen ist, ist auch Wachstum kein nötiges Ziel mehr (um den Gewinn zu steigern). Unternehmen können endlich ihre optimale Größe anstreben. Sie bräuchten keine Angst mehr haben, vom Konkurrenten gefressen zu werden, und müssen diesen nicht mehr – vorbeugend oder aus Gewinngier – fressen. Die kapitalistische Systemdynamik erlischt: Alle sind vom wechselseitigen Fresszwang und vom allgemeinen Wachstumszwang erlöst.

2. Was wir heute Konkurrenz nennen, bedeutet im Lateinischen nicht »gegeneinander antreten«, sondern »miteinander laufen« (»con-currere«), was sich mit Kooperation viel treffender übersetzen ließe. Auch das englische »competition« bedeutet im Lateinischen nicht »den Nächsten aus dem Feld schlagen«, sondern »gemeinsam suchen« (»com-petere«), nach der besten Lösung für alle. Das heutige Gegeneinander müsste im Lateinischen korrekt mit »Kontrakurrenz« wiedergegeben werden; und im Englischen mit dem ziemlich absurden »counterpetition« (gegeneinander suchen: viel Spaß!). Durch den vorgeschlagenen neuen Rechtsrahmen würde aus der gegenwärtigen Vernichtungskonkurrenz im schlechtesten Fall friedliche Koexistenz und im besten (weil gesetzlich belohnt) aktive Kooperation. Auch in diesem Anreizrahmen gäbe es noch Konkurse,

jedoch a) bedeutend weniger als heute, weil die Unternehmen einander helfen, und b) träfe es in der Tendenz die rücksichtslosesten, skrupellosesten und verantwortungslosesten: die mit der negativsten Gemeinwohlbilanz.

3. Heute können Menschen mit den edelsten Zielsetzungen Unternehmen gründen: ein Beitrag zum allgemeinen Wohl, ein Produkt edelster Qualität, eine Innovation, die allen nützt. Doch durchsetzen werden sich aufgrund der Systemdynamik – der Anreizstruktur aus Gewinnstreben und Kontrakurrenz – tendenziell egoistische, gierige, geizige, verantwortungs- und rücksichtslose Charaktere. Sozialmedizinische Untersuchungen zeigen, dass in den obersten ökonomischen Entscheidungsetagen heute ein überdurchschnittlicher Anteil von soziopathologischen, nicht zum Mitgefühl fähigen, beziehungsunfähigen, narzisstischen und suchtkranken Persönlichkeitstypen landet.[97] Das ist ein fataler Selektionsmechanismus. Die inhumansten kommen am leichtesten nach oben. Polen wir die Systemdynamik von »Eigennutzmaximierung und Konkurrenz« auf »Gemeinwohlstreben und Kooperation« um, könnten gleich wie heute Menschen mit den edelsten oder mit den übelsten Absichten Unternehmen gründen, jedoch wird die Systemdynamik im Gegensatz zu heute die sozial verantwortlichsten und kompetentesten, die zum Mitgefühl und zur Empathie fähigen Menschen, die das soziale und ökologische Gesamtwohl im Auge haben, tendenziell in Vorteil stellen und »kulturell selektieren«. Diesen intelligenten Schritt sollten wir uns leisten.

Heute ist ein Unternehmen ein Mittel zum Eigennutz, das Allgemeinwohl ist das erhoffte Abfallprodukt. In der neuen Wirtschaft wäre ein Unternehmen ein Mittel zur Erhöhung des Gemeinwohls, in dem das eigene Wohl inbegriffen ist.

Teil IV

Was kann ich tun?
10 Schritte aus der Krise

1. Nein zur Ohnmacht! Ja zur Verantwortung!

Trotz dieser Fülle von Vorschlägen werden sich einige LeserInnen fragen, was sie denn ganz persönlich dazu beitragen können, dass sich die Welt zum Besseren wende. Dieser letzte Abschnitt will zehn Schritte für das persönliche Handeln anbieten. Der erste Schritt ist die Überwindung der eigenen Ohnmacht. Denn obwohl viele Menschen der Ansicht sind, dass die Dinge sich in die falsche Richtung entwickeln, tun sie nichts dagegen, weil sie sich unfähig fühlen, etwas zu verändern. Sie stehen »dem System«, »der Globalisierung« und »den Finanzmärkten« hilflos gegenüber. Dieses verbreitete Gefühl der Ohnmacht verrät, dass wir den demokratischen Freiheitsgeist noch nicht verinnerlicht haben, sondern nach wie vor in Herrschaftsstrukturen fühlen und leben. Wer an die eigene Ohnmacht glaubt, macht sich zum wertvollsten Verbündeten der Mächtigen. Dieser Glaube ist jedoch nicht so sehr Ergebnis einer scharfen Analyse der Realität, sondern der immer noch wirkende »Erfolg« autoritärer Erziehung und ideologischer Indoktrination. Die Herrschenden versuchen alles, die politische Ohnmacht der Massen zu nähren und zu perpetuieren. Nichts stabilisiert ihre Macht wirkungsvoller, als wenn die Menschen an die Unveränderbarkeit der gesellschaftlichen Verhältnisse glauben. Um dieses Ziel zu erreichen, haben sie mehrere Strategien entwickelt:
  – Sie erklären Wirtschaft zur *Sache von ExpertInnen* und entziehen sie damit dem öffentlichen Diskurs und der demokratischen Mitbestimmung. Je mehr Menschen sich von

ihrer eigenen »Inkompetenz« überzeugen lassen, desto wahrscheinlicher wird das Ergebnis der Wirtschaftspolitik im Interesse der Reichen und Mächtigen sein.
- Sie erklären den Markt und die Globalisierung zum *Naturgesetz*, um sie der demokratischen Diskussion zu entziehen. Ex-Siemens-Chef Heinrich von Pierer meinte: »Die Globalisierung lässt sich nicht aufhalten – genauso wenig wie sich die Donau aufhalten lässt.«[98] Der Hauptgeschäftsführer des Bundesverbandes deutscher Banken Manfred Weber sprach: »Die Globalisierung ist ein Faktum. Wir diskutieren ja auch nicht, ob wir die Schwerkraft gut finden oder nicht.«[99] Und der langjährige Umwelt-, Arbeits- und Wirtschaftsminister Österreichs Martin Bartenstein sagte: »Die Globalisierung aufhalten zu wollen ist so, als ob man die Erde daran hindern wolle, sich zu drehen«[100], während er in der WTO eifrig liberalisierte. Wer will sich schon einem Naturgesetz widersetzen? Als GravitationsgegnerIn belächeln lassen? Wer die Donau aufhalten? Hinter »wirtschaftlichen Naturgesetzen« verstecken sich jedoch handfeste politische Interessen und somit veränderbare soziale Verhältnisse.
- Sie benutzen *Sachzwänge* als Totschlagargumente in politischen Diskussionen. Immer wenn das sachlich Richtige und demokratisch Mehrheitsfähige eingefordert wird, kommen die Profiteure des Status quo und malen ein Weltuntergangsszenario an die Wand: Die gewünschte Maßnahme würde den Standort vernichten und die Wettbewerbsposition Deutschlands schwächen. Einmal würden die Konzerne in heller Panik fliehen, ein andermal die Leistungsträger und prinzipiell immer das Kapital. Im Kapitalismus stehen die Bedürfnisse des Kapitals über denen der Menschen. Also lieber das Richtige und Gerechte erst gar nicht versuchen, sondern gleich das Falsche und Ungerechte tun und dafür von den Mächtigen geliebt werden, von denen wir angeblich abhängig sind. Ein sehr unschönes und inhumanes, aber immer noch sehr vertrautes Herrschaftsmuster.

Macht ist bis zu einem gewissen Grad immer eine Vereinbarung der Herrschenden mit den Beherrschten. Es gilt daher heute ohne Unterschied zu Absolutismus, Feudalismus und Faschismus, der Macht die Gefolgschaft aufzukündigen, indem wir uns in einem ersten Schritt nicht länger ohnmächtig fühlen, sondern uns mündig und eigenverantwortlich für unsere Freiheit einsetzen. Die erste Welle der Aufklärung hat stattgefunden, doch gemessen am Ergebnis war das nur ein leiser Frühlingsgruß. Am Ende einer durchdringenden Aufklärung stehen mündige Individuen, die keine Kooperation mehr mit der Herrschaft eingehen und die Verantwortung für ihre persönliche und die kollektive Freiheit übernehmen. Das Nein zur Ohnmacht lohnt sich: Wenn all jene, die eine andere Gesellschaft wünschen, aber bisher nichts dafür getan haben, weil sie glaubten, ohnehin nichts bewegen zu können, jetzt doch mitanpacken, dann hätten wir schon morgen eine andere Welt.

2. Kleine Schritte setzen – der persönliche Wirkungskreis

Auch für die Disziplin Weltverbessern gilt: Wer am Beginn einer langen Reise steht, beginne am besten mit dem ersten Schritt. Niemand kann zum Horizont fliegen: Es ist ein langer, mitunter mühevoller Marsch. Ans Ziel kommt man letztlich nie. Die Reise selbst ist das Ziel. Deshalb lieber überschaubare Etappenziele setzen.

Der erste Schritt sind wir selbst. Neben der Bestimmung über das eigene Leben hat jede und jeder von uns ein unmittelbares Lebensumfeld, einen persönlichen Wirkungskreis, in dem wir hohe Gestaltungskraft besitzen. Bis zu einem gewissen Grad können wir die Menschen in unserem Umfeld beeinflussen. Und diese sind bereits die nächsten potenziellen Zellen der Veränderung mit neuem persönlichem Wirkungskreis – und sie sind genauso für sich selbst verantwortlich wie wir für uns.

Wenn wir uns von dem Gedanken befreien, dass wir die anderen oder schlimmer noch alle anderen überzeugen müssen, ist es um vieles leichter. Wenn wir uns zuerst selbst attraktiv verändern, werden die anderen sich angezogen fühlen und von selbst nachziehen – ganz ohne Missionierung. »Du musst die Veränderung leben, die du in der Gesellschaft sehen willst«, wusste schon Mahatma Gandhi. Selbstveränderung geht meist nur in Millimeterschritten. Doch je konsequenter man geht, desto größer sind à la longue die Fortschritte. In einem Menschenleben ist eine lange Reise möglich. Am Ende steht eine gewandelte Person. Wenn viele gehen, steht am Ende eine andere Gesellschaft. Zum Beispiel eine, in der nicht alle primär auf den eigenen Vorteil achten und Geld und das Besser-Sein als andere für das Wichtigste halten, sondern in der Achtsamkeit, Hilfsbereitschaft, Mitfühlen und Vertrauen die höchsten kulturellen Güter sind.

3. Alternative Informationen aneignen

Zu Attac kommen viele Menschen, die den Eindruck haben, dass ihnen wesentliche Informationen und Zusammenhänge von den Mainstream-Medien vorenthalten werden und dass diese Medien das Weltbild und die Interessen der Gewinner des aktuellen Systems stärker abbilden als die Interessen der VerliererInnen, vielleicht sogar der Mehrheit. Hinzu kommt, dass viele Mainstream-Medien von den SystemgewinnerInnen ökonomisch abhängig sind. Große Banken, Auto-, Pharma- und Telekomunternehmen zählen zu den lukrativsten Anzeigenkunden von Zeitungen und Fernsehsendern. Die »Schere im Kopf« gibt es im Kapitalismus genauso wie in anderen totalitären Regimen. Hinzu kommt der allgemeine Trend, dass der redaktionelle Teil von Zeitungen und Zeitschriften immer kleiner und durchmischter von Werbung und PR wird. Schließlich befinden sich viele Medien direkt im Eigentum von Großkonzernen oder sind selbst solche.

Kurz, es gibt viele Gründe, warum in den Zeitungen nur zum Teil das steht, was viele Menschen wirklich interessiert und was kritische BürgerInnen für eine unabhängige Meinungsbildung benötigen. Es zählt jedoch zur Eigenverantwortung der mündigen DemokratIn, sich Informationen für die Einschätzung der politischen Lage und die persönliche Beteiligung selbst zu organisieren, wenn die Mainstream-Medien versagen.

Der konsequente Weg dorthin wäre der organisierte Einsatz für ein neues Mediengesetz, das die Medien sowohl aus der Abhängigkeit des Marktes als auch der Regierungen löst. Das ist ein ehrgeiziges und langwieriges Projekt, weil ein zentrales gesellschaftliches Machtzentrum – die Schnittstelle von Kapital und Öffentlichkeit – angegriffen wird. Dennoch müsste sich eigentlich jeder Mensch mit demokratischer Vernunft für diese Grundvoraussetzung einer funktionierenden Demokratie persönlich einsetzen und mit anderen verbünden, die dasselbe wollen.

Eine weniger aufwändige Möglichkeit ist die Beschaffung alternativer Informationen jenseits der Hauptkanäle. Das Angebot ist durchaus vorhanden:

- *Le Monde diplomatique, Informationsbrief Weltwirtschaft und Entwicklung, Südwind, brand 1, Die Furche, Publik-Forum, Kurswechsel, lebensart, welt-sichten* ... Ein monatlicher Griff zu einer anderen Zeitung macht zwölf neue Medien pro Jahr.
- Das Internet bietet eine maßlose Fülle von Junk-Inhalten, aber auch sehr gehaltvolle Information, die in keiner Zeitung zu finden ist. Eine Möglichkeit wäre, einmal pro Woche die Website einer sozialen Bewegung oder NGO zu durchforsten und deren Informationsangebot und Blickwinkel kennenzulernen. Allein der Vergleich, welche Informationen diese Organisationen in Umlauf bringen und was davon wie von den Medien aufgenommen wird, ist schon spannend und aufschlussreich.
- Über tehmenspezifische E-Mail-Listen – zum Beispiel WTO,

Gentechnik, Lobbyismus – verbreiten sich Nachrichten abseits der Leitmedien über die ganze Welt.

Neben der Beschaffung ist die Weitergabe von Information und die Beteiligung an öffentlichen Diskussionen das Lebenselixier der Demokratie. Zumindest auf jeden fünften Kinobesuch sollte die Teilnahme an einer öffentlichen Diskussion folgen. Internet-Foren sind leichter zugänglich als Printmedien, dennoch lohnt sich ab und zu auch der klassische Leserbrief. Wenn jemandem ein Thema wirklich am Herzen liegt, kommt das im Leserbrief auch durch und erhöht die Wahrscheinlichkeit auf Veröffentlichung. Natürlich werden nicht alle Briefe veröffentlicht, aber ein Teil schafft es und hat dann eine breite und wertvolle Öffentlichkeit. Oft führt auch der eigene nichtveröffentlichte Brief zur Veröffentlichung eines anderen mit ähnlichem Inhalt, der nicht veröffentlicht worden wäre, wenn er der einzige zum Thema gewesen wäre.

Auch Rückmeldungen an die Redaktionen von Zeitungen und Rundfunkanstalten, wenn sie gute und kritische Beiträge gebracht haben, sind von stets unterschätztem Wert, weil dies relativ wenige MedienkonsumentInnen tun und eine einzelne Stimme dadurch oft sehr viel zählt. Gerade kritische und alternative JournalistInnen müssen sich oft gegen Vorbehalte und Widerstände durchsetzen, und ein starkes Echo der LeserInnen oder SeherInnen kann ihnen den Rücken stärken und manchmal sogar den Job retten. Die Wahrscheinlichkeit, dass ähnlich kritische Beiträge folgen, steigt.

Schließlich kann jede und jeder am Aufbau einer Gegenöffentlichkeit mitwirken und neue Medien unterstützen oder mitaufbauen. *Indymedia.org* ist ein Beispiel dafür, dass Menschen, die bei Demonstrationen und politischen Aktionen nicht von der Berichterstattung der offiziellen Medien abhängig sein wollten, ihre eigene Medienplattform geschaffen haben.

4. Konsumverhalten ändern

Viele Menschen glauben, dass sie mit ihren Konsumentscheidungen, mit ihrem täglichen Einkauf eine bessere Welt herbeikaufen könnten. Das ist vordergründig ein edler Gedanke und eine sinnvolle Strategie, weil mit dem täglichen Einkauf tatsächlich eine Stimme auf dem Markt für oder gegen Kinderarbeit, für Atom- oder Ökostrom, für fairen oder unfairen Kaffee, für Langstreckentransporte oder Nahversorgung abgegeben werden kann. Folgende Kategorien empfehlen sich bei jeder Konsumentscheidung:
- *Nah:* Nahversorgung stärkt die regionale Wertschöpfung und spart Transportkilometer.
- *Biologisch:* Wer biologische Lebensmittel kauft, stimmt gegen Kunstdünger, Pestizide, Massentierhaltung und Gentechnik.
- *Saisonal:* Erdbeeren im Januar müssen nicht sein, das ist weder gut für die Umwelt noch für die Gesundheit.
- *Fleischarm:* Ein Kilo Fleisch verbraucht zehnmal so viel Ackerfläche wie ein Kilo Getreide. Die Erde hat genug für aller Menschen Ernährungsbedürfnisse, aber nicht für aller Menschen Fleischhunger.
- *Fair gehandelt:* Fairer Kaffee, Tee, Kakao & Co. verschaffen den - selbstständigen - BäuerInnen im Süden ein menschenwürdiges Einkommen.
- *Langlebig:* Zu Großvaters Zeit hielten viele Dinge noch eine Ewigkeit. Am Ende kostet Qualitätsware oft sogar weniger als billige Wegwerfware.
- *Energiesparend wohnen:* Heizen kann man mit globalem Erdöl, mit lokaler Biomasse oder mit der Sonne (Passivhaus).
- *Ökologisch:* Wer auf Ökostrom umsteigt oder auf ein spritsparendes Auto oder dieses mit anderen teilt oder nur noch Bahn fährt, leistet wichtige Beiträge zum Klimaschutz.
- *Reisen statt Blitzurlauben.* Besser alle zwei Jahre mit dem Schiff verreisen als dreimal im Jahr mit dem Flugzeug.

- *Ethisch investieren.* Finanzvermögen kann man einem ökologischen Investmentfonds anvertrauen oder einem Hedge-Fonds.
- *Weniger ist mehr.* Konsum macht sehr bald nicht mehr glücklich, sondern krank. In Österreich ist bereits mehr als die Hälfte der jungen Menschen zwischen 14 und 24 Jahren kaufsuchtgefährdet.[101] Wenn wir bei jeder materiellen Konsumentscheidung noch einmal nachspüren, ob wir das Ding jetzt wirklich brauchen oder ob wir nicht eigentlich etwas anderes suchen – Stille, intakte Natur, Bewegung, Berührung, Geborgenheit, Erkenntnis –, dann sind wir auf dem Weg zum kostengünstigen und umweltschonenden Glück.

So wichtig und richtig verantwortungsvolle individuelle Konsumentscheidungen sind, so gerne wird dabei übersehen, dass der Hebel sehr viel wirksamer auf der systemischen Ebene anzusetzen wäre: auf der Ebene des Gesetzgebers. Denn der/die einzelne KonsumentIn hat – systemisch betrachtet – nur einen sehr geringen Einfluss. Hingegen kann der Betreiber das System beliebig ändern oder austauschen. In unserer *politischen* Rolle als SystembetreiberInnen – als Souverän und Gesetzgeber – sind wir alle gleich. In der *ökonomischen* Rolle als KonsumentInnen sind wir es nicht, weil wir über unterschiedliche Informationen, unterschiedlich viel Zeit und vor allem unterschiedliche Kaufkraft verfügen:

- *Information:* Das durchschnittliche Marktprodukt verrät uns nicht, wer es unter welchen Arbeitsbedingungen und welcher Umweltbelastung hergestellt hat, wie viele Transportkilometer enthalten sind und wie groß der Beitrag zum Klimawandel ist. Es enthält uns alle für eine ethische Kaufentscheidung nötigen Informationen vor.
- *Zeit:* Wer schafft es, sich diese Informationen anzueignen? Der/die durchschnittliche KonsumentIn schafft gerade noch den Einkauf; er/sie ist auf Werbematerial angewiesen und wird dadurch systematisch desinformiert und einseitig zu Verdrängung, Geiz und Gier erzogen.

– *Geld:* Selbst wenn die relevanten Informationen verfügbar sind oder eigenverantwortlich angeeignet wurden, fehlt vielen Menschen die nötige Kaufkraft, um das teurere ethische Produkt zu kaufen. Sie können nicht frei abstimmen. Denn die Stimmrechte am Markt sind ungleich verteilt. Die einen haben fünf Millionen Stimmen, die anderen eine Handvoll oder gar keine. Auf den Finanzmärkten haben zehn Prozent der Bevölkerung zwei Drittel aller »Stimmrechte« ...

Fazit: In unserer *ökonomischen* Rolle als KonsumentInnen sind wir nicht annähernd so mächtig wie in unserer *politischen* Rolle als GesetzgeberInnen. Als Souverän können wir per Gesetz entscheiden, welche Produkte auf den Markt dürfen und welche nicht. Als KonsumentIn können wir vieles gar nicht entscheiden: Wenn die Nebenbahn geschlossen wird, haben wir keine Konsumalternative. Wenn das Postamt zusperrt, können wir als KonsumentIn nichts machen. Wenn ein globaler Goldkonzern in Afrika indigenen Lebensraum und Naturjuwele zerstört, sollen wir dann unsere Münzsammlung verkaufen? Dennoch erscheint vielen Menschen die individuelle Handlungsebene à la persönlicher Einkauf viel sympathischer als die Systemebene Demokratie. Das hat mehrere Gründe: 1. Viele Menschen wollen selbst – individuell – etwas machen und sich nicht mit anderen absprechen müssen, was mühevoller ist und nur längerfristig Wirkung und Erfolg haben kann. Der Individualismus lässt grüßen. 2. Die »Systemebene« wird von vielen gar nicht wahrgenommen. Die Möglichkeit, dass Marktakteuren Regeln vorgegeben werden können, existiert im Bewusstsein vieler Menschen gar nicht, weil sie den Markt als Naturgewalt erleben und nicht als politische Vereinbarung. (Hayek, Friedman und Co. haben erfolgreiche Arbeit geleistet.) Auch hier stoßen wir auf die Tatsache, dass die Demokratie gar nicht real existiert und dass sehr viele Menschen den Glauben an sie verloren haben. Wäre die Demokratie tatsächlich eine Gesellschaftsform, die auf Mitbestimmung baut und zur Mitgestaltung einlädt, dann würden sich doch alle mit Begeisterung an demokratischen Debatten, Prozessen und Institutionen beteiligen – auch und gerade in der Wirtschaft.

Wie wirkungslos die individuelle Handlungsebene sein kann, solange die Gesetze nicht dazupassen, zeigt vielleicht folgender abschließender Vergleich. Auch wenn es goldrichtig ist, keine Blondinenwitze zu erzählen und sich freiwillig die Kindererziehungsarbeit zu teilen, bringt das letztendlich wenig, solange der Gesetzgeber nicht mitzieht und Frauen weder wählen noch studieren dürfen. Nur wenig wird sich auch ändern, wenn sich nur individuelle Personen nicht an rassistischen Übergriffen beteiligen, solange Rassentrennung weiterhin Gesetz ist. Wir messen mit zweierlei Maß: Beim Privateigentum können wir auch nicht frei wählen, ob wir es respektieren oder nicht; im Straßenverkehr sind Geschwindigkeitsbeschränkungen und Überholverbote nicht freiwillig, sondern verpflichtend; und Leib und Leben können nicht nach individuellem Ermessen, sondern müssen streng nach Gesetz geachtet werden. So soll es auch in der Wirtschaft sein. Was voraussetzt, dass wir den Hebel – auch – auf der Systemebene ansetzen.

5. Organisieren

Wenn einer allein träumt, bleibt es ein Traum.
Träumen wir aber alle gemeinsam, wird es Wirklichkeit.
ERZBISCHOF DOM HÉLDER PESSOA CÂMARA

Historisch haben sich neue Ideen immer nur dann durchgesetzt, wenn sie von breiten sozialen Bewegungen getragen wurden. Wem daher ernsthaft an der Veränderung gesellschaftlicher Zustände liegt, der oder die wird nicht umhinkommen, sich mit anderen zusammenzuschließen und soziale Bewegungen, die an dieser Veränderung arbeiten, zu unterstützen: mit Zeit, Energie oder Geld. Falls es diese Organisation noch nicht gibt, muss sie eben gegründet werden, so wie alle Menschenrechts-, Umweltschutz-, entwicklungspolitischen oder globalisierungskritischen Organisationen irgendwann von irgendwem gegründet worden sind.

Ich selbst habe mit vielen anderen Attac Österreich gegründet. Attac hat die Welt ein Stück verändert, es hat zahllosen Menschen Hoffnung gegeben, dass es Alternativen zum neoliberalen Einheitsdenken und zur Diktatur des Marktes und des Kapitals gibt und dass sich der Einsatz dafür lohnt. Viele Menschen engagieren sich in Regional- und Inhaltsgruppen, sie organisieren Hunderte von Vorträgen, Kongressen und Tagungen im Jahr, dazu die Aktions- und Sommerakademie, sie kommunizieren über zahllose Internet-Foren, Mailing-Listen und Websites und publizieren erfolgreiche Bücher. Attac hat den Globalisierungsdiskurs entscheidend mitgeprägt und in den letzten Jahren sogar »gedreht«. Noch vor wenigen Jahren war die offizielle »Deutung« der Globalisierung eine äußerst positive: Die internationale Arbeitsteilung hätte Hunderte Millionen Menschen aus der Armut gerissen; Deutschland wurde ausschließlich als »Exportweltmeister« gesehen und Österreich beharrlich zum »Osterweiterungsgewinner« stilisiert. Wer anderer Ansicht war, holte sich ideologische Ausreiseempfehlungen nach Nordkorea oder Kuba. Das hat sich geändert: Heute stehen die neoliberalen Ideologen vor dem Scherbenhaufen ihrer Rezepte.

Attac hat auch das Weltsozialforum mitbegründet, bei dem sich seit 2001 mittlerweile bis zu 150000 Menschen aus aller Welt treffen, um ihre Träume von einer gerechteren Welt zu teilen. Immer mehr Prominente treten Attac bei, und die Medienaufmerksamkeit steigt kontinuierlich an. Das wichtigste Ziel von Attac ist die Politisierung der Menschen: Jede und jeder soll demokratische Verantwortung ausüben und zumindest eine soziale Bewegung oder zivilgesellschaftliche NGO, welche die eigenen Werte und Ziele vertritt, in irgendeiner Form unterstützen.

6. Für mehr Demokratie streiten

Es ist ein gespenstischer historischer Moment. Kaum jemand glaubt noch an die Demokratie. Formal ist von den Parteien über das Parlament bis zum Bundespräsidenten noch alles da, doch die Menschen spüren, dass die Demokratie ihrer Essenz beraubt wurde: In vielen wichtigen Fragen des Zusammenlebens wird der demokratische Mehrheitswille, der Wille des Souveräns nicht mehr umgesetzt. Ein Beispiel von vielen: Laut Umfragen wünschen sich 81 Prozent der CDU-WählerInnen Grenzen für die Ungleichheit bei den Einkommen.[102] Doch keine einzige im Parlament vertretene Partei macht in dieser Frage auch nur ein Angebot. Nicht in Deutschland, nicht in Österreich und auch nicht in den meisten anderen Ländern.

Die ökonomischen Eliten haben das demokratische System unterwandert und vereinnahmt, es entscheidet in ihrem Sinne und nicht im Sinne der Bevölkerung. Schuld daran sind allerdings nicht nur die ökonomischen Eliten, sondern ist genauso die Bevölkerung, weil sie sich zu wenig für die Demokratie einsetzt und für ihr Recht streitet. Regelmäßig wurde sie von den RepräsentantInnen überfahren – und hat sich nicht gewehrt. Doch »wer in der Demokratie schläft, wacht in der Diktatur auf«, sagt eine Volksweisheit.

Umgekehrt ist »Einmischung der Sauerstoff der Demokratie«, meint Günter Wallraff. Wer sich nicht einmischt, ist der Stickstoff der Demokratie, ihr Totengräber. Der Nichteinmischung vieler Menschen liegt ein fundamentales Missverständnis von Demokratie zugrunde: Sie hoffen, dass die Parteien und PolitikerInnen, die sie wählen, dann auch das machen, was sie versprochen haben. Doch das würden die nur tun, wenn sie a) nicht permanentem Lobbyismus der mächtigen Industrien (Finanzen, Auto, Öl, Pharma …) ausgesetzt wären und b) im Falle des Brechens ihrer Versprechen mit heftigen Protesten oder ihrer Abwahl zu rechnen hätten. Der Protest schläft jedoch tief und fest, und die Regierenden können mehr oder weniger machen, was sie wollen. Am Anfang jeder Macht ist die Unterwerfung, sagt ein Sprichwort.

Die repräsentative Demokratie würde nur dann funktionieren, wenn die WählerInnen lediglich ihre Stimme abgeben würden, nicht jedoch ihre Verantwortung, denn die ist nicht delegierbar. Nur die Stimme ist delegierbar, und wenn der/die gewählte MandatarIn mit dieser Stimme nicht tut, was der/die StimminhaberIn will, dann muss der/die InhaberIn der/die TrägerIn der Stimme zur Rechenschaft ziehen. Genau das geschieht in aller Regel nicht, weil die Menschen noch nicht verinnerlicht haben, dass sie der Souverän sind. Sie lassen sich – immer noch – viel zu viel gefallen wie vor der Aufklärung. Wir beklagen mitunter die Unfreiheit, aber wir tun nichts dagegen. Es fehlt uns an demokratischer Verantwortung: Wir alle sind die InhaberInnen der Demokratie, und es ist unser aller Pflicht, auf das gemeinsame Gut zu achten, es zu pflegen und weiterzuentwickeln. Sonst verlottert es wie eine ungepflegte öffentliche Toilette.

Direkte Demokratie

Allerdings reicht es nicht aus, dass wir die volle Verantwortung für unsere demokratische Freiheit übernehmen, wenn uns die nötigen Rechte und Rechtsinstrumente dazu fehlen. Der zweite Selbstaufhebungsmechanismus der Demokratie besteht in der Reduktion auf die rein repräsentative Demokratie. Das ist die Kaltstellung des Souveräns. Will die Demokratie lebendig bleiben, muss der Souverän permanent Gelegenheit haben mitzureden, mitzubestimmen und Mitverantwortung zu tragen.

Machen die RepräsentantInnen des Souveräns nicht, was dieser will, dann muss er das Recht haben, seine Vertretung in der konkreten Sachentscheidung zu korrigieren (Volksinitiative) oder in der Funktion abzuwählen (Abwahlrecht). Wenn der Souverän nicht das letzte Wort – die Letztverantwortung und Bestimmung über sich selbst – hat, ist er nicht der Souverän, sondern der Untertan seiner Vertretung. Im Grundgesetz steht jedoch: »Alle Staatsgewalt geht vom Volke aus.« Und in der österreichischen Bundesverfassung: »Alles Recht geht vom Volk aus« – nicht vom Parlament und nicht von der Regierung. Ludwig XIV. verwechselte sich mit dem Souverän: »Der Staat bin ich.« Heute benehmen sich Regierungen und Parlamente wie damals der Sonnenkönig. Jean-Jacques Rousseau forderte deshalb: »Jedes Gesetz, das das Volk nicht selbst beschlossen hat, ist nichtig; es ist überhaupt kein Gesetz.«[103]

Das ist vielleicht etwas weit getrieben: Direkte Demokratie soll kein Ersatz für repräsentative Demokratie sein, aber ihre logische Ergänzung – und Voraussetzung! Denn nur wenn sichergestellt ist, dass das letzte Wort beim Souverän bleibt, kann er seine Stimme vorübergehend delegieren. Verliert er das letzte Wort, ist es mit Selbstbestimmung, Souveränität und Freiheit vorbei. Und nur wenn die Volksvertretung weiß, dass sie vom Souverän jederzeit – auch zwischen den Wahlen – korrigiert werden kann, wird sie in seinem Sinne regieren.

Trotz dieser vermutlich mehrheitsfähigen Überlegungen hat die Bevölkerung weder in Deutschland noch in Österreich das Recht auf Gesetzesinitiativen, die bei Erreichen einer bestimmten Schwelle zur zwingenden Volksabstimmung führen. Wie demokratiefeindlich das ist, zeigt eine bittere Erfahrung in der jüngsten österreichischen Geschichte. Das Gentechnikvolksbegehren wurde 1997 von 1,2 Millionen BürgerInnen unterschrieben, ein Erdrutsch-Erfolg. Die Hauptforderung war: keine Patente auf Leben. Regierung und Parlament – die Vertretung der Bevölkerung – ignorierten jedoch ihren Willen. Acht Jahre nach dem Begehren setzten sie die EU-Biopatentrichtlinie in österreichisches Recht um. Seit 2005 dürfen in Österreich Mikroorganismen, Pflanzen, ganze Tiere und Teile des Menschen – Gene und Zellen – patentiert werden. Die Regierung putschte eiskalt – gegen das eigene Volk.

Wo es das Instrument der Volksinitiative gibt, ist die Zufriedenheit damit sehr hoch. Das zeigt das Beispiel Schweiz. Oder Uruguay, dort erreichte eine breite BürgerInnenbewegung 2004 eine Volksabstimmung über die Privatisierung der Trinkwasserversorgung – und hatte Erfolg: 65 Prozent der UruguayerInnen stimmten für das Grundrecht auf Wasser und für öffentliche Versorgung. Die Trinkwasserversorgung durch gewinnorientierte Konzerne ist seither per Verfassung verboten.

In Deutschland hat der Verein »Mehr Demokratie« auf Landes- und Kommunalebene das Instrument des Bürgerentscheids durchgesetzt. Seither kann eine BürgerInneninitiative auf kommunaler Ebene einen Volksentscheid erzwingen. Die Erfolge der jüngsten Jahre können sich sehen lassen. In zahlreichen Städten und Kommunen wurde die Privatisierung der Trinkwasserversorgung, städtischer Sozialwohnungen oder anderer öffentlicher Betriebe verhindert. Die Stadtregierung von Leipzig wollte 2006 die Stadtwerke privatisieren. Die Bevölkerung rebellierte – und gewann. 87 Prozent stimmten in dieser Sachfrage gegen die Regierung, die sie zuvor mehrheitlich gewählt hatten. Das ist gelebte Kontrolle der Mächtigen durch den Souverän!

Partizipatives Budget

Die Demokratie ist kein statischer Zustand, der einmal definiert wurde. Definiert ist nur das Prinzip: Der Wille der Allgemeinheit muss die Gesellschaft gestalten. Wie das am besten geschieht, dafür gibt es kein Patentrezept, aber viele Erfolgsbeispiele, die weit über das hinausweisen, was wir in Deutschland, Österreich und selbst in der Schweiz bisher kennen. Neben der Ergänzung der repräsentativen um die direkte Demokratie braucht es zumindest noch die teilhabende oder partizipative Demokratie: Möglichkeiten der permanenten Beteiligung von BürgerInnen an demokratischen Entscheidungs- und Gestaltungsprozessen. Und auch diese Dimension muss erst erstritten werden, weil die politischen Eliten sie in der Regel nicht freiwillig gewähren.

So war es jedenfalls in der brasilianischen Millionenstadt Porto Alegre. Dort wird seit der Regierungsübernahme durch eine soziale Bewegung das städtische Budget partizipativ erstellt. Alle BewohnerInnen können über mehrere Delegationsebenen ihre Prioritäten bei den städtischen Investitionen selbst durchsetzen. Das hat zu einer Umlenkung der Budgetmittel von Prestige- und Prunkprojekten zu allgemeinen Versorgungs- und Entwicklungsprojekten geführt: Bildung, Gesundheit, Trinkwasser und Wegeverbesserung. Porto Alegre zählt heute zu den sichersten und saubersten Städten in Lateinamerika, weshalb das Modell von zahlreichen anderen Städten übernommen wurde.

Das partizipativ-demokratische Modell lässt sich auch hierzulande erstreiten. Wer mit den Entscheidungen der Kommunal- oder Stadtregierung unzufrieden ist, kann sich persönlich dafür starkmachen, dass alle BürgerInnen, egal, welche Partei sie gewählt haben, bei den wichtigsten Investitionsentscheidungen einer Stadt oder Kommune mitbestimmen dürfen. Was von Porto Alegre bis zum Pariser Vorort St. Denis möglich ist, kann auch anderswo Realität werden – wenn sich nur ausreichend viele eigenverantwortliche Personen, die bisher frustriert zugesehen haben, persönlich dafür einsetzen.

Demokratische Allmenden

Eine weitere Möglichkeit der teilnehmenden Demokratie sind »demokratische Allmenden«: Das sind Gemeinschaftsgüter, die allen gehören. Traditionell waren das Wald, Weideland und Wasser. Unter »modernen Allmenden« könnten wir Spitäler, Schulen, Universitäten, Museen, Schwimmbäder, Kommunalbetriebe, Bahn, Post oder auch die »Demokratische Bank« verstehen.

Demokratie		
1. Säule	2. Säule	3. Säule
Repräsentative Demokratie	*Direkte Demokratie*	*Partizipative Demokratie*
Parteien Parlament Regierung	Volksinitiative mit Volksabstimmungen, Abwahlrecht	Demokratische Allmenden, Beteiligugsbudget
Hauptbühne des demokratischen Prozesses	Ergänzung der repräsentativen Demokratie	Verstetigung des demokratischen Engagements
Demokratische Verantwortung jeder und jedes Einzelnen Fundament (»Sauerstoff«) der Demokratie		

Bei diesen Grundversorgungsgütern sollte die Teilhabe nicht Privileg der ökonomisch Stärkeren sein, sondern das demokratische Recht aller EigentümerInnen. Im Unterschied zum klassischen öffentlichen Betrieb wird die demokratische Allmende jedoch nicht vom Staat verwaltet, sondern von den EigentümerInnen selbst. Das kann von der direkten Wahl der Führungsgremien bis zur paritätischen Besetzung der Führungsgremien aus RepräsentantInnen der Bevölkerung, der Beschäftigten und anderer Stakeholer reichen. Diese MandatarInnen sind dann den EigentümerInnen direkt verantwortlich und rechenschaftspflichtig. Sie können jederzeit abgewählt werden, wenn sie den Willen der WählerInnen verletzen.

International gibt es ermutigende und exzellent funktionierende Beispiele »demokratischer Allmenden«. Im kalifornischen Sacramento versorgt das Energieunternehmen SMUD mehr als eineinhalb Millionen Menschen mit Strom, es ist der sechstgrößte öffentliche Energieversorger in den USA. Doch der Vorstand wird nicht von Aktionären oder Hedge-Fonds eingesetzt, sondern direkt demokratisch gewählt. Die Aufsichtsratssitzungen sind öffentlich. Die Ergebnisse überzeugen. Der Betrieb ist bei Umweltschutz und Servicequalität – den Prioritäten der Bevölkerung – stets an der Spitze der USA. Einmal gab es sogar eine Abstimmung aller EigentümerInnen: 1989 setzten diese in einem »Unternehmensplebiszit« die Schließung des einzigen betriebseigenen Atomkraftwerks durch.

Stellen Sie sich vor, Sie hätten ein Mitbestimmungsrecht über Post, Bahn, Kommunalbetriebe, Pflege-, Gesundheits- und Bildungseinrichtungen. Dann müssten sich natürlich viele Menschen für die öffentlichen Güter interessieren und engagieren. Das ist Arbeit, doch die lohnt sich, und wer glaubt, dass Demokratie von selbst funktioniert, wird wie erwähnt in der Diktatur aufwachen. Das ist ganz analog zur persönlichen Freiheit. Wer sein Leben selbst gestaltet, muss zahlreiche Entscheidungen treffen und permanent strategisch denken und lenken. Freiheit hat ihren Preis. Ganz gleich auf der individuellen wie auf der kollektiven Ebene.

Unabhängige Medien und Parteien

Für die Rettung der Demokratie muss noch viel mehr getan werden. Auf der Prioritätenliste ganz oben steht die Rückdrängung des Lobbyismus und die Befreiung der Parteien und Medien aus der finanziellen Abhängigkeit des Großkapitals. Eigentlich unfassbar: Ohne Spenden von Unternehmen wären die Parteien in Deutschland nicht lebensfähig. Die Demokratie ist uns nicht einmal eine öffentliche Parteienfinanzierung wert. Die Konsequenz: Die Wirtschaft muss »einspringen« – um den Preis, dass Parteien fest in der Hand des Kapitals sind: ein wichtiger Grund für die Aushöhlung der Demokratie. Eine Demokratiereform würde die Parteienfinanzierung der öffentlichen Hand überantworten. Auch die Medien müssten aus der Abhängigkeit von den Inserenten befreit werden. Eine höhere Presseförderung würde etwas kosten. Aber auch das muss uns die Demokratie wert sein: An die Arbeit für ein entsprechendes Mediengesetz! Dieses könnte in einem ersten Akt direkter Demokratie durchgesetzt werden.

7. Bausteine für eine neue Gesellschaft entwickeln

Niemand kann einen Systemwechsel alleine oder in der Kleingruppe herbeiführen. Sehr wohl lassen sich aber Elemente einer gesamtgesellschaftlichen Alternative im Kleinen verwirklichen. Tausende von Menschen und Gruppen haben sich längst dazu entschlossen, solche Bausteine der anderen Welt in Eigeninitiative umzusetzen. Sie zeigen, wie viel möglich ist, wenn der Wille zur Veränderung und das Nein zur Ohnmacht vorhanden sind.

– Bioläden
– Fair-Trade-Läden
– ErzeugerInnen-VerbraucherInnen-Initiativen
– Kostnix-Läden
– Ethikbanken
– Kreditgenossenschaften und Vereinssparkassen
– Tauschkreise und Zeitbanken
– Regionalwährungen[104]
– Ökostrom-ProduzentInnen
– Alternative Wohnprojekte
– Integrative Kulturvereine
– Komplementärmedizinische Praxen
– Waldkindergärten und alternative Schulen

Diese Keimzellen der neuen Gesellschaft haben oft als kleine isolierte Punkte begonnen, wie die ersten Sterne am Abendhimmel. Doch es werden mehr. Und in dem Maße, in dem sie sich vernetzen und zusammenarbeiten, kann die neue Gesellschaft inmitten der alten entstehen.

8. Gesamtgesellschaftliche Alternativen einfordern

So wichtig die vielen kleinen Schritte sind, eine wirkliche Zugkraft können nur starke Visionen entwickeln, welche die große Richtung vorgeben. Das könnten Gesamtentwürfe für neue Formen des Wirtschaftens sein. Davon liegen bereits einige fertig auf dem Tisch: sowohl für humanere Modelle der Marktwirtschaft als auch für zeitgemäße Modelle dezentraler und beteiligungsaktiver Planwirtschaft, die aus den historischen Fehlern der realsozialistischen Experimente gelernt haben. Diese Entwürfe verdienen eine breite und intensive Diskussion. Laut einer BBC-Umfrage in 24 Ländern wünschen siebzig Prozent der Menschen »eine grundlegende Neuordnung« des Wirtschaftssystems. Der Boden ist also fruchtbar. In Deutschland und Österreich kamen zu den jüngsten Kongressen zur »Solidarischen Ökonomie« Tausende junger Menschen.

Meinen persönlichen Beitrag einer Systemalternative in Form einer Alternative zu Kommunismus und Kapitalismus habe ich in Abschnitt III kurz vorgestellt. Es geht mir dabei nicht um den Anspruch, die beste aller Wirtschaftsformen gefunden zu haben, sondern um die gemeinsame Suche, das konsequente Nachdenken und Diskutieren über ganzheitliche Systemalternativen. Wie wollen wir uns als Menschheit weiterentwickeln?

Das Nachdenken über Alternativen zur gegenwärtigen Geldwirtschaft ist eine der großen Herausforderung an uns Menschen. Es handelt sich um eine pessimistische Unterschätzung unserer Fähigkeiten, wenn wir tatsächlich glauben, dass wir unsere materiellen Bedürfnisse nur über Geldbeziehungen in der derzeitigen Form befriedigen können. Zumindest der Umkehrschluss sollte klargeworden sein: Nach Jahrhunderten der Geldwirtschaft steigen Armut, Ungleichheit und der Hunger in der Welt rapide an …

Eine alternative Wirtschaft könnte auf einem »materiellen Gesellschaftsvertrag« ausgewogener Rechte und Pflichten beruhen: Alle sind verpflichtet, in einem bestimmten Ausmaß ihre

Lebenszeit und Arbeitsenergie zur Verfügung zu stellen, um die gesellschaftlich benötigte Gütermenge herzustellen. Arbeitszeit wäre somit die »Währung« dieser Wirtschaft. Berufswahl und -wechsel sollten so frei wie möglich sein. Gleichzeitig haben alle das Recht, die materiellen Güter, welche sie zum Leben benötigen, frei zu beziehen. Damit die Wünsche der Menschen in ihrer Rolle als KonsumentInnen weder zu kurz kommen noch übers Ziel schießen, können alle Mitglieder der Gesellschaft sowohl in ihrer Rolle als KonsumentInnen als auch in der als ProduzentInnen über dezentrale demokratische Entscheidungsprozesse – die wären die eigentliche Innovation! – mitbestimmen, was in welcher Menge und unter welchen Bedingungen produziert wird.

Während wir als KonsumentInnen vielleicht einen vielfältigeren und volleren Warenkorb wünschen, sind uns als ProduzentInnen Freizeit und möglichst angenehme Arbeitsbedingungen vermutlich wichtiger als das 478. Produkt. So kommt es zu einem Interessensausgleich in uns selbst, weil wir in beiden Rollen mitbestimmen können. (Ein Riesenvorteil: Der Antagonismus kapitalistischer Gesellschaften und die zugehörigen dualistischen Parteiendemokratien – hier Arbeit, dort Kapital – wären überwunden.) In der dann hoffentlich viel reichlicheren Freizeit kann jeder und jede tun und machen – auch produzieren –, was er oder sie will. Da in solidarischen Produktionsbetrieben die Mitgestaltung aller gefragt ist, kann und soll jede und jeder ihre und seine Kreativität maximal einbringen. Es ist zu erwarten, dass sogar ein höheres Maß an Innovation herauskommt als im Kapitalismus, wo sich jede Entwicklung in bestimmter Zeit in Geldeinheit rentieren muss, was eine massive Einschränkung darstellt und die Innovationsrichtung einseitig verzerrt.

Der Mensch hat in seiner Geschichte schon bedeutend radikaleren Wandel durchlebt als die Umstellung von individueller und wettbewerblicher zu kollektiver und kooperativer Produktion. Was wir keinesfalls tun sollten, ist, über Alternativen zum

Kapitalismus erst gar nicht nachzudenken, weil die bisher prominenteste Alternative, der Realsozialismus, gescheitert ist und sich in das Gegenteil des Freiheitsversprechens gedreht hat. Das wäre, als würde man einen fehlgeschlagenen Versuch, auf den Mond zu fliegen, zum Anlass nehmen, dies nie wieder zu versuchen, weil es unmöglich wäre, was ja der erste Fehlschlag bewiesen habe. Zeitgenössische AutorInnen wie Michael Albert[105] oder Alfred Fresin[106] haben detaillierte Modelle zur Diskussion gestellt, wie die Analysen von Karl Marx und nachfolgender DenkerInnen in Alternativen umgesetzt werden könnten, ohne die Perversionen des Realsozialismus zu wiederholen.

Das wichtigste Argument hier: Während wir alle die ersten Schritte unternehmen, sollten wir gleichzeitig den Geist nach vorne richten und kontinuierlich nachspüren und diskutieren, wie wir idealerweise leben wollen. Das Sich-mit-den-Zuständen-Abfinden ist der Verzicht auf jede weitere Entwicklung. Hier liegt ein verräterischer Widerspruch: Einerseits ist lebenslanges Lernen für die meisten von uns zur Selbstverständlichkeit geworden, sprich die Weiterentwicklung unserer intellektuellen und professionellen Qualitäten; doch dass wir auch das soziale und globale Lernen verstetigen, um zu menschlicheren Formen des Wirtschaftens und Zusammenlebens zu kommen, das versagen wir uns gleichzeitig, weil wir unbewusst den Kapitalismus und die undemokratische Marktwirtschaft als Ultima Ratio und Ende der Geschichte akzeptiert und verinnerlicht haben. Wir sollten jedoch an den kollektiven Regeln für das Zusammenleben und am ökonomischen Makromodell genauso konsequent feilen und Verfeinerungsarbeit leisten wie an unseren persönlichen Fähigkeiten und an der mikroökonomischen Ich-Aktie.

9. Abschied vom Profitstreben

Wenn wir zu einer anderen Form des Wirtschaftens kommen wollen, sollten wir uns in so vielen Bereichen wie möglich vom persönlichen Vorteilsdenken und Gewinnstreben lösen, die in der Systemdynamik zu Gier und materiellem Wachstumszwang führen, beides Qualitäten, die das Überleben gefährden und die aktuellen Krisen strukturell verursacht haben. Wenn wir Wirtschaft als Einrichtung zur Befriedigung menschlicher Bedürfnisse definieren und kurz nachdenken, welche unserer Bedürfnisse wir ohne Geld, Tausch und Gewinnmotiv befriedigen, dann kommen wir auf eine erstaunlich lange Liste. Der Umfang dieser Liste widerlegt die Annahme, dass Menschen nur gegen Geld zu Leistung bereit sind und ohne Gewinnaussicht keine Motivation hätten, sich am Wirtschaften (der kollektiven Bedürfnisbefriedigung) zu beteiligen.

Das Spektrum geldfreier und bedingungsloser Befriedigung von Bedürfnissen beginnt bei der Muttermilch, für die keine Rechnung ausgestellt wird; es zieht sich über die Beziehungsarbeit mit Kindern, Kranken und älteren Menschen und den Anbau von Obst und Gemüse im eigenen Garten bis hin zum alltäglichen Schenken, das vielen Menschen große Freude bereitet; vom Sammeln von Pilzen, Kräutern und Beeren in Wald und Feld über das Spielen, Tanzen, Massieren und Gesprächeführen in der Freizeit bis zum ehrenamtlichen Engagement in Vereinen, sozialen Institutionen und politischen Organisationen. In den 700 Tafeln, die in Deutschland seit Mitte der 1990er Jahre aus dem Boden geschossen sind, um Arme mit Essen zu versorgen, arbeiten mehr als 30 000 Menschen ohne ökonomische Gegenleistung. Das Bedürfnis, anderen Menschen zu helfen, ist ihr zentrales Motiv. Ohne sie würden wohl viele Menschen in Deutschland verhungern – und die Straßen sehr viel unsicherer.

Wenn Spitzenmanager ihre astronomischen Einkommen mit Leistung argumentieren, heißt das im Umkehrschluss, dass

Menschen ohne materiellen Anreiz zu keiner vergleichbaren Leistung bereit sind. Doch erstens waren in der Geschichte die Leistungen der Menschen nicht geringer, als sie dafür keine Millioneneinkommen erhielten; und zweitens sind dieselben Spitzenmanager, die Millionen für ihre Leistung einfordern, im unsichtbaren Teil der Wirtschaft auf Menschen angewiesen, die ohne einen Cent Gegenleistung ihre Leben retten. Das betrifft nicht nur ihre Mütter, Omas und PartnerInnen; wenn sie einen Unfall haben, kommt meist ein ehrenamtlicher Rettungsdienst und bringt sie ins Krankenhaus (das in der Regel keinen Profit anstrebt). Hat der Manager viel Blut verloren, erhält er das Blut eines Mitmenschen, den er gar nicht kennt – wieder ohne Rechnung. Das Allerwichtigste, Blut, ist gratis. Hier stellt sich schon die Frage, wieso die unwichtigeren Dinge angeblich nur unter Gewinnenstreben hergestellt werden können.

In regionalen Tauschkreisen, Klöstern und Genossenschaften funktioniert hier und heute die Bedürfnisbefriedigung ohne Profitstreben. Im fairen Handel werden globale Solidarnetze geknüpft, die ohne Gewinnmotiv Werte schaffen. Auch im Hightech-Bereich entwickeln sich immer komplexere alternative Wirtschaftsformen. Einige der besten Software-Produkte sind durch freie Kooperation und ohne Gewinninteresse zustande gekommen: Das Betriebssystem Linux, der Internet-Browser Firefox mit dem Mailprogramm Thunderbird und die Online-Enzyklopädie Wikipedia werden täglich von Dutzenden Millionen Menschen in Anspruch genommen – geschenkt.

Die Nicht-Profit-Ökonomie hat es immer in großer Vielfalt gegeben. Im Kapitalismus sind bloß nicht die Scheinwerfer der Medienaufmerksamkeit auf sie gerichtet. In Deutschland umfasst der Non-Profit-Sektor 76 000 Betriebe mit 1,9 Millionen bezahlten Beschäftigten. Das entspricht mehr als fünf Prozent der Erwerbstätigen.[107] In Österreich arbeiteten 2005 mehr als 170 000 Menschen in nichtgewinnorientierten Betrieben. Die Wertschöpfung dieses Sektors (4,66 Milliarden Euro) überstieg die der Fahrzeugbauindustrie (3,73 Milliarden Euro).

Auch Banken waren stets ein wichtiges Element der dem Gemeinwohl dienenden und nichtprofitorientierten Wirtschaft. Raiffeisen wurde aus Solidarität gegründet, nicht mit Profitabsicht. In Brasilien wächst die solidarische Ökonomie mit vielfältiger Unterstützung des Gesetzgebers inmitten kapitalistischer Strukturen heran. Solidarische Unternehmen umfassen Agrargenossenschaften, selbstverwaltete Fabriken, Fair-Trade-Netze und Indigenen-Gemeinschaften. Heute arbeiten zwei Millionen Menschen in der solidarischen Ökonomie ohne Kontrakurrenz und Profit. Sie befriedigen essenzielle Bedürfnisse und praktizieren dabei Werte, die die Gesellschaft insgesamt stärken.

Für die aktuelle Krise wird immer wieder die »Gier« als zentrale Ursache genannt; doch es ist das System, das uns gierig macht. Die Entwicklung des individuellen Charakters hängt stark von den rechtlichen Rahmenbedingungen ab. Deshalb kommt es ganz entscheidend darauf an: ob Menschen durch das Gesetz zu Gier, Ichsucht und Konkurrenz angereizt werden oder zu Großzügigkeit, Verantwortung und Kooperation.

10. Kooperation statt Konkurrenz

Möglicherweise stehen wir unmittelbar vor einer kopernikanischen Wende, was unser Verständnis des menschlichen Zusammenlebens betrifft. Das historische Fenster ist günstig und steht weit offen, weil wir trotz – oder wegen – a) einer hochspezialisierten Wissenschaft, b) eines nie dagewesenen Stands der Technik und c) eines beispiellosen ökonomischen Reichtums gleich mehrere globale Krisen von lebensbedrohlichem Ausmaß produziert haben: Lebensmittel- und Energiekrise; Finanz- und Wirtschaftskrise; Verteilungs- und Demokratiekrise. Irgendetwas ist hier fundamental schiefgelaufen, und immer mehr Menschen sind bereit, alte Denkgewohnheiten über Bord zu werfen und sich für einen grundlegenden Systemwandel zu öffnen.

Vielleicht setzt sich schon in den kommenden Jahren die Erkenntnis durch, dass Konkurrenz ein gefährliches soziales Gift ist. Nicht in der Überdosis, sondern prinzipiell. Ich sehe es als strukturelle Krisenursache, dass wir die Konkurrenz zum Leitwert des Wirtschaftens und Zusammenlebens gekürt und das strukturelle Gegeneinander zur Norm und Normalität erhoben haben. Die politischen und ökonomischen Eliten haben uns über Wesen und Wirkung der Konkurrenz Sand in die Augen gestreut und diese als etwas Positives hingestellt. Das hat wiederum damit zu tun, dass den Mächtigen nichts mehr nützt, als wenn wir alle einander konkurrenzieren und dabei die Fähigkeit zur Solidarität und Kooperation verlernen. Fünf Mythen haben das Supergift Konkurrenz salonfähig und zum politischen Leitziel gemacht.[108]

Mythos 1: Der Mensch neigt von Natur aus zur Konkurrenz
In der Menschennatur ist die Möglichkeit, aber nicht die Notwendigkeit zur Konkurrenz enthalten. Wir streben von Natur aus nach Zielen, aber wie wir das tun – in kooperativer Weise oder durch Konkurrenz –, darüber sagen unsere Gene nichts aus. Das Muster, nach dem wir unsere Ziele verfolgen, ist kulturell erlernt und somit eine freie Willensentscheidung. (Der Umstand, dass heute fast alle Auto fahren, beweist auch nicht, dass Autofahren in den Genen festgeschrieben ist.) Was kulturell erlernt wurde, kann wieder umgelernt werden. Die Menschennatur bietet uns genauso die Möglichkeit zu Solidarität und Kooperation wie zu Ellbogeneinsatz und Konkurrenz. Die 30 000 Menschen, die in Deutschland ehrenamtlich in den Tafeln Lebensmittel an Bedürftige austeilen, handeln nicht gegen die Menschennatur; sie haben sich vielmehr aus freien Stücken dazu entschieden zu kooperieren.

Mythos 2: Konkurrenz führt zu hoher Leistung
Oft behauptet, nie bewiesen. Im Gegenteil: Neun von zehn Studien besagen, dass mit Kooperation höhere Leistungen erzielt

werden als mit Konkurrenz. Der Grund dafür ist recht einfach: Die Kooperation motiviert mit positiven emotionalen Erfahrungen: Wertschätzung, Vertrauensbildung, gemeinsame Zielerreichung: Dein Erfolg ist auch mein Erfolg. Konkurrenz motiviert hingegen mit Angst, Druck und Stress. Deshalb geht es vielen Menschen in Konkurrenzsituationen schlecht. Das Nicht-schlechter-sein-Dürfen oder Besser-sein-Müssen als andere ist eine klassische extrinsische Motivation (die von außen drängt) im Unterschied zur intrinsischen (die von innen kommt). PsychologInnen sind sich einig, dass intrinsische Motivation stärker wirkt als extrinsische; extrinsische Motivation untergräbt sogar die intrinsische: Je stärker ich meine Aufmerksamkeit darauf lenke, wie gut ich im Vergleich zu meinen Konkurrenten bin, desto weniger kann ich mich auf die eigentliche Tätigkeit konzentrieren und darin aufgehen. Wer sich einer Beschäftigung oder Beziehung ganz hingibt, braucht keine Konkurrenz, um eine gute Leistung zu erbringen. (Eine Sache gut machen zu wollen und besser sein zu wollen als andere, sind zwei grundverschiedene Dinge.)

Mythos 3: Konkurrenz macht Spaß

Es ist bezeichnend, dass bei Diskussionen über ökonomische Konkurrenz reflexartig der sportliche Wettbewerb bemüht wird, um zu beweisen, dass Konkurrenz normal und natürlich ist und Spaß macht. Abgesehen davon, dass es offenbar nicht überzeugt, dass ökonomische Konkurrenz Spaß macht, weshalb der Sport aushelfen muss: Selbst im Sport hört sich der Spaß für die meisten auf, wenn aus Spiel ein Wettkampf wird. Plötzlich geht es nicht mehr um den Prozess, sondern um das Ergebnis: das Siegen. Und das ist für die meisten nicht so lustig. Denn die meisten verlieren. Und selbst die, die gewinnen, erfahren nicht nur die Bewunderung, sondern meistens auch den Neid aller anderen, selbst der engsten TrainingskollegInnen. Der Sieg von heute kann, davon abgesehen, schon morgen einer Niederlage weichen. Deshalb schmeckt ein Sieg nicht wirklich süß. SpitzensportlerInnen müssen sich mit negativen Gefühlen wie Verbissenheit, Selbstzweifel und Angst vor Anerkennungsverlust herumschlagen. Hingegen gehen Menschen in Spielen, in denen es um den Prozess geht und bei denen niemand verlieren kann, regelrecht auf: Sie haben Spaß. In einer Studie bevorzugten zwei Drittel aller Burschen und alle Mädchen Spiele, bei denen niemand verliert, gegenüber Spielen, wo die einen gewinnen und die anderen verlieren.[109]

Mythos 4: Konkurrenz wirkt charakterbildend

Dieser Mythos rührt wohl daher, dass Konkurrenz scheinbar dazu führt, dass Menschen an sich arbeiten, um weiterzukommen. Doch das Ziel ihrer Arbeit ist ausschließlich das Besser-Sein als andere, das Siegen und Demütigen. Und das ist doch eine sehr merkwürdige Form des An-sich-Arbeitens. Studien zufolge zeigen erfolgreiche SportlerInnen »wenig Interesse an Unterstützung und Fürsorge durch andere, ein geringes Bedürfnis, für andere zu sorgen und geringe Gruppenanschlussfähigkeit«. Eine andere Studie zeigt, dass »Freundlichkeit, Sympathie und Uneigennützigkeit« auffallend abwesend unter erfolgreichen SportlerInnen sind. Eine dritte besagt, dass stark wettbewerbsorientierte Kinder weniger empathisch sind als schwächer wettbewerbsorientierte Kinder.[110] Womit wird hier Charakter verwechselt? Mit blinder Zielorientierung und rücksichtsloser Durchsetzungskraft? Der Charakter kann nicht der große Nutznießer der Konkurrenz sein: Möchten Sie mit der wettbewerbsfähigsten Person im Dorf befreundet sein? Eben. Die Psychologin Karen Horney fasst zusammen: »Wettbewerbsorientierung führt zu Neid gegenüber den Stärkeren, zu Verachtung gegenüber den Schwächeren und zu generellem Misstrauen gegenüber allen.«[111]

Mythos 5: Konkurrenz stärkt das Selbstwertgefühl

Das glatte Gegenteil liegt vor: Wer Wettbewerb braucht, um sich gut zu fühlen, dem mangelt es offenbar an Selbstwert. Sie oder er fühlt sich nicht wert, ohne besser zu sein als jemand anderer. Wettbewerbsverhalten ist als Defizit-motivierte Charaktereigenschaft mehr eine Notwendigkeit als ein Bedürfnis. Je gesünder eine Person, desto geringer das Bedürfnis zu konkurrieren. SportsoziologInnen berichten von charakterstarken Persönlichkeiten mit hohem Selbstwertgefühl, die Wettbewerbe aus Prinzip meiden. Wenn wir ein Verhalten als ungesund beschreiben, weil es Defizit-motiviert ist oder auf ein geringes Selbstwertgefühl zurückzuführen ist, dann ist *gesunder Wettbewerb* ein Widerspruch in sich. Wettbewerbsorientierte Personen sind weit davon entfernt, ein bedingungsloses Selbstwertgefühl zu haben. Sie sind übermäßig davon abhängig, wie gut sie bestimmte Dinge gemacht haben und was andere über sie denken. In einer wettbewerbsorientierten Kultur wie der unseren kennt jeder das Gefühl der Scham und des Selbstzweifels, wenn man einen Wettbewerb verloren hat. *Loser* ist zum weltweiten Schimpfwort geworden. In einer großangelegten Studienauswertung in Bezug auf die Auswirkung auf das Selbstwertgefühl besagten 87 Studien, dass Kooperation einen positiveren Effekt auf das Selbstwertgefühl hat als Konkurrenz, nur eine Studie kam zum gegenteiligen Ergebnis.[112]

Kurz, Wettbewerb ist ein hochgradiges Charakter-, Beziehungs- und Gesellschaftsgift. Wir sollten ihn aus den politischen Programmen streichen und aus unserem kulturellen Wertekanon bannen. Kooperation führt erwiesenermaßen zu solidarischerem Verhalten und größerer Hilfsbereitschaft, zu stärkerer Freundschaftsbildung und Zuneigung, zu mehr Vertrauen und Sicherheit. Kooperation ist besser für die Persönlichkeitsentwicklung, sie macht mehr Spaß als Konkurrenz und verursacht weniger Stress. Wir sollten die Kooperation zum durchgängigen Prinzip des menschlichen Zusammenlebens machen: in der Nachbarschaft, in der Erziehung, in der Wirtschaft, in der Politik.

Kooperationsgruppen gründen

Je konsequenter wir uns vom Wettbewerb in allen Lebensbereichen verabschieden und Kooperation einüben, desto fruchtbarer wird der gesellschaftliche Boden für einen tiefgreifenden Systemwandel. Die Gesetze, die uns heute noch zur Konkurrenz anstacheln oder zwingen, kann niemand im Alleingang umschreiben. Hingegen kann jede und jeder eine Kooperationsgruppe gründen. Als Keimzelle einer überlebensfähigen, solidarischen Gesellschaft. Kooperationsgruppen bestehen zum Beispiel aus 15 bis 25 Personen, die in essenziellen materiellen Dingen kooperieren. Sie achten darauf, dass alle Gruppenmitglieder mit Nahrung, Wohnung, Kleidung und Energie versorgt sind, und helfen einander in Notlagen. Sie bereiten sich auf mögliche Krisenszenarien vor:
- kein Strom (damit auch kein Internet und kein Handy)
- kein Benzin
- kein Gas
- leere Supermarktregale
- eine von drei oder vier Personen hat keinen Erwerbsarbeitsplatz mehr
- kein Geld mehr auf der Bank

Das sind Szenarien, die in den nächsten Jahren eintreten können. Inmitten der Finanzkrise haben wir die Energie- und Klimakrise vorübergehend etwas aus den Augen verloren. Sie wird mit umso größerer Wucht zurückkommen, und wir sollten vorbereitet sein. Die Regierungen scheinen handlungsunfähig geworden zu sein, was die Verhinderung weiterer Krisen betrifft. Somit liegt es an uns selbst – als freie Menschen.

Wichtig ist die heterogene Zusammensetzung der Kooperationsgruppen. Insbesondere die Altersstufen sollten durchmischt sein und Personen mit besonderen Bedürfnissen, die nicht gleich viel geben können, wie sie selbst brauchen, aufgenommen werden – eine Mini-Solidargemeinschaft. Grundprinzip müsste auch sein, dass sich diese Gruppen nicht in Konkurrenz zueinander verhalten, sondern das Kooperationsprinzip universal leben. Sie sollten sich von Beginn an mit anderen Kooperationsgruppen vernetzen und kommunizieren, um im Krisenfall gemeinsam reagieren und einander ausgleichen und auch schwere Schocks aller Art möglichst elastisch abfedern zu können.

Der Hauptzweck dieser Gruppen besteht darin, dass wir das (wieder) erlernen, was der Menschheit von Beginn an das Überleben gesichert hat: gegenseitige Hilfe und Solidarität. Kooperation ist nicht nur die Voraussetzung für das Überleben der Menschheit, sondern für die gesamte Evolution. »Ohne das Gelingen von Kooperation kann nichts entstehen, was lebenstüchtig ist«, schreibt der Psychotherapeut und Neurobiologe Joachim Bauer.[113]

Selbst wenn keines der möglichen Krisenszenarien eintritt, dann werden wir grundlegende Kulturtechniken erlernt haben: Achtsamkeit, Mitfühlen, Vertrauensbildung, gegenseitige Hilfe und Solidarität. Mit diesem Projekt kann jeder und jede heute beginnen, ohne Regierungs- und Systemwechsel. Der kommt umso wahrscheinlicher, je mehr Menschen diesen ersten – oder zehnten – Schritt tun.

Anmerkungen

1. Farrell, Diana, Christian S. Fölster, Susan Lund: »Long-term trends in the global capital markets«, The McKinsey Quarterly, Economic Studies, Februar 2008, 3. McKinsey: Mapping Global capital markets: Fifth Annual Report, Oktober 2008.
2. DIW, 59.
3. BUNDESMINISTERIUM FÜR SOZIALES UND KONSUMENTENSCHUTZ, 25.
4. Reuters, 9. März 2009.
5. IFSL Research, Fund Management, Oktober 2008.
6. BCG: »Global Wealth 2008. A Wealth of Opportunities in Turbulent Times«, Boston, September 2008.
7. eMagazine der Credit Suisse, 31. März 2008.
8. ALTZINGER, 38.
9. SCHÄFER, 176.
10. Süddeutsche Zeitung, 24. April 2009.
11. BörseARD.de, 28. Juni 2008.
12. Die Presse, 20. Januar 2007.
13. JOHNSON.
14. WEISSMAN / DONAHUE, 15.
15. SCHÄFER, 201.
16. JOHNSON.
17. REICH, 183.
18. Adam Smith: »Theorie der ethischen Gefühle«, 1759. Zitiert nach KURZ, 81.
19. Neues Deutschland, 2. Februar 2009.
20. HUFFSCHMID / KÖPPEN / RHODE, 17.
21. Zunächst Artikel 73 b VEU, ab dem Vertrag von Amsterdam Art. 56 EG-Vertrag.
22. HUBER / ROBERTSON, 8.
23. IFSL Research, Fund Management, Oktober 2008, 7.
24. Frankfurter Allgemeine Zeitung, 14. März 2008.
25. BIZ (2009), A103.
26. BIZ (2009), A108; eigene Berechnungen.

27 BUFFETT, 15.
28 WEISSMAN / DONAHUE, 17.
29 HORN et al., 8.
30 JARRAS, 92.
31 www.nachdenkseiten.de/wp-print.php?p=3567
32 SCHÄFER, 172.
33 SCHÄFER, 206.
34 Die Presse, 16. Januar 2009.
35 SOMMER, 145.
36 Association pour la Taxation des Transactions financières pour l'Aide aux Citoyennes et citoyens. www.attac.de /at /ch
37 Das österreichische Bankenpaket schreibt lediglich eine »angemessene Entlohnung« vor und untersagt die Auszahlung von Boni lediglich im ersten Jahr der Rettung, im zweiten Jahr dürfen die Boni schon wieder unbegrenzt fließen.
38 Der Standard, 10. Dezember 2008.
39 ORF online, 29. Januar 2009.
40 Financial Times Deutschland, 10. Februar 2009.
41 Focus online, 11. Februar 2009.
42 Kurier, 19. März 2009.
43 Süddeutsche Zeitung, 22. März 2009, Monitor, 12. März 2009. Zur Liste der österreichischen Banken: www.attac.at/index.php?id=7009
44 Der Standard, 3. April 2009.
45 Profil, 8. Februar 2009.
46 Interview im Spiegel online, 23. März 2009.
47 Die Finanzmarktaufsicht rechnet mit bis zu 830 Milliarden; die Banken selbst mit 150 Milliarden. Süddeutsche Zeitung, 22. April 2009.
48 Pressemitteilung der Fraktion Die Linke im Bundestag, 13. Mai 2009.
49 Trouthout, 3. Februar 2009: www.truthout.org/020309T
50 Der Standard, 12. Februar 2009.
51 AFP, 14. Februar 2009.
52 JOHNSON.
53 Bank of England und dpa/AFX, 8. Januar 2009.
54 Die Presse, 17. Januar 2009.
55 Der Standard, 18. März 2009.
56 Der Standard, 18. März 2009.
57 Der Standard, 11. März 2009.
58 Kurier, 26. Februar 2009.
59 HSBC-Studie, zitiert in Die Zeit, 5. März 2009.
60 Süddeutsche Zeitung, 24. April 2009.
61 ORF online, 17. April 2009.

62 GfK-Studie von Reinhold Christian, Winfried Kallinger und Helmut Kramer im Auftrag der Raiffeisen-Bausparkasse. Bericht in ökoenergie 73/2009.
63 Die Furche 51/08.
64 Kurier, 2. Februar 2006.
65 www.whitehouse.gov/omb/budget/fy2009/pdf/hist.pdf, 127.
66 www.bloomberg.com/apps/news?pid=washingtonstory& sid=aGq2B3XeGKok
67 MERRILL LYNCH / CAPGEMINI (2007) und (2008).
68 WAHL, 8.
69 Traider Monthly April/Mai 2007, Frankfurter Allgemeine Zeitung, 17. April 2008 und Alpha Magazine, April 2009.
70 SCHÄFER, 224.
71 Wirtschaftswoche, 21. Februar 2009, 79.
72 WIESER / OBERRAUTER, 6.
73 Die Zeit, 12. Februar 2009.
74 ÖSTAT: www.statistik.at/web_de/statistiken/soziales/ sozialleistungen_auf_landesebene/sozialhilfe/020143.html
75 Tafel-Umfrage des Bundesverbandes Deutsche Tafel e.V. 2007: www.tafel.de
76 SCHULMEISTER / SCHRATZENSTALLER / PICEK, 70.
77 DIW, 57.
78 OECD Revenue Statistics 2008, eigene Berechnungen.
79 Berechnungen der Union. Süddeutsche Zeitung, 30. April 2009.
80 www.appell-vermoegensabgabe.de
81 G20 (2008).
82 Vgl. SOMMER, 208.
83 Vgl. LIETAER, S. 376 ff.
84 XIAOCHUAN, 2.
85 STIGLITZ et al., 93.
86 SCHULMEISTER / SCHRATZENSTALLER / PICEK, 70.
87 G20 (2009), Randnote 15.
88 Die Zeit, 12. Februar 2009 und Kurier, 19. März 2009.
89 Der Standard, 17. März 2009.
90 BAKAN, 13.
91 Kurier, 5. März 2009.
92 »Globale Steuergerechtigkeit«, 128–148 in FELBER (2006).
93 Format, 30. März 2009.
94 FELBER (2006), 68–88, »Börsen auf euren Platz!« und 236–256, »Soziale Sicherheit« sowie REIMON / FELBER (2003), 135–165, »Altern vor Sorge«.

95 FELBER (2006), 251–254.
96 Eine ausführliche Argumentation zu diesen Vorschlägen findet sich in FELBER (2006), 276–281, »Gerechtigkeitsformel 2010« und FELBER (2008), 285–290.
97 FROMM, 146 und Reinhard Haller, Interview in Der Standard, 23. Dezember 2006.
98 www.gq-magazin.de/vip/heinrich-von-pierer/692.html
99 Taz, 21. Juni 2005.
100 Profil 19/2005.
101 Dritte österreichische Kaufsuchtstudie, Arbeiterkammer Wien, Dezember 2006.
102 Süddeutsche Zeitung, 22. November 2007.
103 Jean-Jacques Rousseau: »Du contract Social; ou Principes du Droit Politique«, 1762, 15.
104 Eine gute Übersicht bietet PLETTENBACHER.
105 ALBERT.
106 FRESIN.
107 Vgl. KLIMENTA, 207 ff.
108 Zu dieser Mythologie hat mich KOHN inspiriert.
109 KOHN, 32.
110 KOHN, 135 und 139.
111 Zitiert in KOHN, 140.
112 KOHN, 203.
113 BAUER, 166.

Literatur

ALBERT Michael (2006): »Parecon. Leben nach dem Kapitalismus«, Trotzdem Verlag, Frankfurt.
ALTVATER Elmar (2006): »Das Ende des Kapitalismus, wie wir ihn kennen. Eine radikale Kapitalismuskritik«, Westfälisches Dampfboot, 2. Auflage, Münster.
ALTZINGER Wilfried (2008): »Österreichs Wirtschaftsbeziehungen mit Mittel- und Osteuropa. Vom ›Goldenen Osten‹ zum Waterloo 2009?«, S. 30–43 in Kurswechsel 4/2008.
BAKAN Joel (2005): »The Corporation. The Pathological Pursuit of Profit and Power«, Free Press, New York.
BAUER Joachim (2006): »Prinzip Menschlichkeit. Warum wir von Natur aus kooperieren«, Hoffmann und Campe, Hamburg.
BIZ / BANK FÜR INTERNATIONALEN ZAHLUNGSAUSGLEICH (2009): BIS Quarterly Review, März 2009.
BUFFETT Warren (2003): »To the Shareholders of Berkshire Hathaway Inc.«, Brief an die Aktionäre, 21. Februar 2003.
BUNDESMINISTERIUM FÜR SOZIALES UND KONSUMENTENSCHUTZ (2009): »Sozialbericht 2007–2008. Ressortaktivitäten und sozialpolitische Analysen«, Wien, Januar 2009.
DIW / DEUTSCHES INSTITUT FÜR WIRTSCHAFTSFORSCHUNG (2009): Wochenbericht des DIW Nr. 4/2009, 21. Januar 2009.
FELBER Christian (2006): »50 Vorschläge für eine gerechtere Welt. Gegen Konzernmacht und Kapitalismus«, 7. Auflage, Deuticke, Wien.
FELBER Christian (2008): »Neue Werte für die Wirtschaft. Eine Alternative zu Kommunismus und Kapitalismus«, 3. Auflage, Deuticke, Wien.
FRESIN Albert (2005): »Die bedürfnisorientierte Versorgungswirtschaft. Eine Alternative zur Marktwirtschaft«, Peter Lang, Fankfurt am Main.
FROMM Erich (1992): »Haben oder Sein. Die seelischen Grundlagen einer neuen Gesellschaft«, 21. Auflage, dtv, München.
G20 (2008): »Declaration of the Summit on Financial Markets and the World Economy«, New York, 15. November 2008.

G20 (2009): »London Summit – Leader's Statement«, 2. April 2009.
GIEGOLD Sven / EMBSHOFF Dagmar (Hrsg.) (2008): »Solidarische Ökonomie im globalisierten Kapitalismus«, VSA, Hamburg.
HORN Gustav et al. (2009): »Gesamtwirtschaftliche Stabilität durch bessere Regulierung – Vorschläge für eine Neuordnung der Finanzmärkte«, IMK-Report Nr. 36, März 2009.
HUBER Joseph / ROBERTSON James (2008): »Geldschöpfung in öffentlicher Hand. Wege zu einer gerechteren Geldordnung im Informationszeitalter«, Verlag für Soziale Ökonomie, Kiel.
HUFFSCHMID Jörg / KÖPPEN Margit / RHODE Wolfgang (2007): »Finanzinvestoren: Retter oder Raubritter? Neue Herausforderungen durch die internationalen Kapitalmärkte«, VSA, Hamburg.
JARRAS Lorenz / OBERMAIR Gustav (2007): »Steuerliche Aspekte der Aktivitäten von Private Equity Fonds und Hedge Fonds«, Gutachten im Auftrag der Hans-Böckler-Stiftung, 19. Juli 2007.
JOHNSON, Simon (2009): »The Quiet Coup«, The Atlantic, Mai 2009.
KLIMENTA Harald (2006): »Das Gesellschaftswunder. Wie wir Gewinner des Wandels werden«, Aufbau-Verlag, Berlin.
KOHN Alfie (1986/1992): »No Contest. The Case Against Competition. Why we lose in our race to win«, Houghton Mifflin Company, Boston/ New York.
KURZ, Robert (2005): »Schwarzbuch Kapitalismus. Ein Abgesang auf die Marktwirtschaft«, Ullstein Taschenbuch, 4. Auflage, Berlin.
LIETAER Bernhard A. (2002): »Das Geld der Zukunft. Über die zerstörerische Wirkung unseres Geldsystems und Alternativen hierzu«, Rieman, Sonderauflage, 2. Auflage, München.
MERRILL LYNCH / CAPGEMINI (2007) (2008): »World Wealth Report«.
PLETTENBACHER Tobias (2009): »Neues Geld. Neue Welt. Die drohende Wirtschaftskrise. Ursachen und Auswirkungen«, 5. Auflage, planetverlag, Wien.
REICH Robert (2008): »Superkapitalismus. Wie die Wirtschaft unsere Demokratie untergräbt«, Campus, Frankfurt am Main.
REIMON Michel / FELBER Christian (2003): »Schwarzbuch Privatisierung. Wasser, Schulen, Krankenhäuser – was opfern wir dem freien Markt?«, Ueberreuter, Wien.
SCHÄFER Ulrich (2008): »Der Crash des Kapitalismus: Warum die entfesselte Marktwirtschaft scheiterte und was jetzt zu tun ist«, Campus, Frankfurt/New York.
SCHULMEISTER Stefan / SCHRATZENSTALLER Margit / PICEK Oliver (2008): »A General Financial Transaction Tax. Motives, Revenues, Feasibility and Effects«, WIFO-Studie, Wien, März 2008.

SOMMER Rainer (2009): »Die Subprime-Krise und ihre Folgen. Von faulen US-Krediten bis zur Kernschmelze des internationalen Finanzsystems«, Telepolis/Heise, 2. aktualisierte und erweiterte Auflage, Hannover.

STIGLITZ Josef et al. (2009): »Report of the Commission of Experts of the President of the United Nations General Assembly on Reforms of the International Monetary and Financial System«, Zwischenbericht (Anfang Juni 2009) für die UN-Konferenz am 24.–26. Juni 2009.

WAHL Peter (2008): »Regiert Geld die Welt? Zur Rolle der Internationalen Finanzmärkte für Globalisierung, öffentliche Finanzen und Entwicklungsfinanzierung«, Global Issue Paper der Heinrich-Böll-Stiftung Nr. 34, Berlin, April 2008.

WEISSMAN Robert / DONAHUE James (2009): »Sold Out. How Wall Street and Washington Betrayed America«, Studie, Essential Information & Consumer Education Foundation, Washington/Studio City, März 2009.

WIESER, Christina / OBERRAUTER, Markus (2009): »Vorstandsvergütung und Ausschüttungspolitik der ATX-Unternehmen 2008«, Studie der AK Wien, April 2009.

XIAOCHUAN Zhou (2009): »Reform the International Monetary System«, Essay zum G20-Gipfel in London, 23. März 2009.

Danksagung

Für die Zusendung von Unterlagen, für die Durchsicht des Manuskripts und für klärende und inspirierende Kaffeehausgespräche möchte ich danken: Günter Grzega, Friedrich Himmelfreundpointner, Carlos Mallo, Corinna Milborn, Johannes Moder, Moreau, Peter Mooslechner, Margit Schratzenstaller, Rainer Sommer, Stephan Schulmeister, Beat Weber, Albert Wirthensohn.

Besonderer Dank gilt dem Deuticke-Team rund um Bettina Wörgötter, Katrin Wurch, Martina Schmidt, Johanna Tragler und Annette Lechner. Ihre Professionalität und menschliche Kompetenz führten zum dritten Buch in kurzer Zeit.

Nicht zu vergessen: Pachamama und der Große Geist, sie sind immer noch die Letztverantwortlichen.